Der W

Leopold Schefer

Alpha Editions

This edition published in 2022

ISBN : 9789356788190

Design and Setting By
Alpha Editions
www.alphaedis.com
Email - info@alphaedis.com

Leopold Schefer

Der Waldbrand

Der Waldbrand.

Quebec, am 1. März 1826.

Sehr geliebter Bruder!

Bruder! — so nenn' ich Dich noch — nach fünfzehn Jahren Trennung — und nenn' ich Dich *hier*, in tausend Meilen Entfernung. Ich dachte wohl sonst in meiner Einsamkeit, nun müß' ich Dich erst recht Bruder nennen, mit Dir wie mit einem Nahen, Lebendigen leben, ja als den Nächsten im Herzen Dich tragen, und Deine Gestalt durch feurige Liebe an jedem Morgen lebendig und rege, freundlich und wiederliebend mir aufglühen, mir frisch erhalten und aufschaffen, wie eine Hyazinthe, die ich als Zwiebel von deinem Fenster mit mir herüber nahm und durch mühsame Pflege zu einer immerwährenden Blume so fortgesetzt. — Aber, o Bruder! Wirken ist Leben! Wir leben nur denen, auf welche wir wirken; und die auf uns wirken, die leben uns nur. Und so umschweben uns auf der Erde viel Millionen Lebendiger zwar, doch nur wie Todte! Es ist uns nur tröstlich, zu wissen: sie wohnen und wandeln mit uns und genießen wie wir das heilige Leben und sehen den Mond und die Sonne; und darum sind uns Mond und Sonne, die Tag und Nacht in ihre Gärten, ihre Wohnungen, ja in ihre Augen leuchten, wieder so unaussprechlich lieb, hold, freundlich und gewärtig! Gute Menschheit, geheimnißvoller Verband der Sterblichen, erquickende Nähe der Ferne! Aber wie wir Menschen sind, lebt uns doch der Entfernte nicht, sein Leben schließt sich uns mit der Stunde zu, sein Herz, sein Wandel, sein Sinnen und Streben bleibt uns verschlossen, seitdem wir ihm zum letzten Male ins Auge sahen! Seine strebende leibhafte Gestalt ist uns nur ein farbiges flüsterndes Schattengebild, seitdem wir im Händedruck zum letzten Mal die wohlthuende heilige Wärme seines Daseins empfanden. So bin ich Entfernter Dir — hin! hinüber! Du mir zurück! ewig dahinten! Und nur *einbilden* kann ich mir noch, wie Du wohl lebst — was Du am Morgen thust — wie Du die Nacht schlummerst — wenn es so ist — ich rathe es nur, doch ich weiß es nicht! Und nur jenes nun feste, unwandelbare Gebild, das Du in jenen Tagen warst, die über unsern Kinderspielen, über unsern Jünglingswanderungen verloschen — das bist Du mir noch, und bleibst Du mir fort. Wie in einem wahreren Reiche des Traumes weck ich Dein — Traumbild auf und rede und lebe mit ihm — im Traum. Denn damit der

Mensch ganz dem Tag' und der Gegenwart gehöre, deshalb verschattet ihm die Natur sein früheres Leben, wie sie dem Neugebornen sein ganzes früheres Dasein in die innere Tiefe versenkt und gewiß ihm da geheim bewahrt! O wie viel schlummert dort! — und eine gegenwärtige kleine Lust überbietet alle vorigen hohen Freuden! und ein gegenwärtiger Schmerz verdrängt alles frühere Leid! Um den *heut* Begrabenen weinen wir neue Thränen und denken *des* Lieben nur noch wie im Traum, auf dessen *begrüntem* Hügel wir stehen, indeß wir den Frischentrissenen bang und wie betäubt versenken sehen! Auch das ist gut, ja es ist schön, damit jedes Gefühl sein volles Recht in uns erlange, daß wir es Jedem zollen, sei dieß Recht nun Mit-Leid, oder Mit-Freude.

Und so bitt' ich Dich heut, zolle mir Dein — Mit-*Leid!* Du wirst es *nach-* empfinden können, auch wenn Du Dir nur einbildest: das traurige Geschick habe Den betroffen, den *eine* Mutter mit Dir sonst oft zugleich umarmte! Denke, es habe den Freund, den Bruder betroffen, den eben, der Dir nun — fehlt!

Du hast mir einmal aus Deinem Lüneburg einen verzweifelt kurzen Brief geschrieben: auf der ersten Seite zwölf Zeilen, die andern alle leer! Wie oft hab' ich ihn umgewendet, um nicht zu glauben, Du seist doch wirklich nicht recht klug! Indeß hielten die zwölf Zeilen zwölf Jahre wider. Euer europäischer Zustand ist verjährt und weltbekannt, und man darf nur Rom oder London, Wien oder Berlin nennen, um gleich zu wissen, *wo* und *woran* man ist! Dagegen hast Du von mir denken können, wie jene alte nachsichtige Mutter von ihrem Sohne, der in der Fremde gestorben sein sollte, und die ihn entschuldigte und sagte: So schlecht ist mein Sohn ja nimmer! *Das* wenigstens hätt' er mir gewiß geschrieben! — Ich will jetzt auch so schlecht nicht sein und Dir melden — wie ich *nicht* umgekommen bin! — Doch wahrlich, seit der Sündfluth ist ein so großes Elend auf Erden nicht gewesen! Ach, die Natur kann ewig neu sein im Schönen, und neu im Schrecken! Ihr denkt: es ist Alles in ihr schon so in der Ordnung, und so wird sie sich ableben wie ein altes Weib. Aber! — Wo konnte so etwas geschehen als in der jungen Welt? Denn hier ist das Land des Neuen und Großen! des Werdenden! Nicht des Gewordenen und des Vergehenden — wie bei Euch!

Doch ich muß nachholen!

Als nach der, Napoleon's Zauber lösenden, Schlacht bei Aspern — die der, darum nie genug zu würdigende, biedre, altdeutsche Held Erzherzog Karl gewann — unser kleines muthathmendes Häufchen braunschweiger Husaren gleichsam von der Pfanne gebrannt, Allarm- und Nothschüsse that — in nasses Pulver, — als Deutschland noch nicht sich entzündete, noch nicht *losging* — und Wir, wie ein Kirschkern zwischen zwei Fingern gedrängt, durch Deutschland fliehen, fast fliegen mußten, die Nordsee, die Schiffe und

England zu erreichen, da kam ich verwundet dort an. Doch nicht so unheilbar, um nicht lieber ein ruhiges militärisches Amt zu bekleiden — und sei's in Canada, als 100 Guineen Pension mit Ingrimm zu verzehren, daß ich mit Tausenden *umsonst* geblutet, wie es *damals* schien! Denn wir hatten das Ausholen der Weltuhr für das Sausen des Schlages genommen, sie verhört und schon gesagt: „Seine Stunde ist kommen!" Was in uns entschlossen und entschieden war, das sollte gleich fertig da draußen in der Welt stehen! Indeß horcht die Natur erst, ob wir's auch Alle redlich wollen, und dann erst läßt sie den Kindern ein Weilchen den Willen. Ein Weilchen! Wie ihr nun seht! Denn sie horcht, ob Ihr das Weitere auch nun Alle ernstlich wollt.

Ich ging also in die bessere Welt als Milizcapitain eines Kirchspiels in Unter-Canada. Diese Art Dörfer heißen *verlorene*, nämlich, als wenn ein Kind des Mikromegas die Kirche, die Häuser und Hürden, durch den unermeßlichen Wald hinwandelnd, aus seiner geöffneten Schachtel nach und nach hier verloren hätte. Und so stehen denn die Häuser alle allein, jedes mit seinem Garten, seinen Aeckern und Wiesen, jedes wohl 1000 Schritt von dem andern, getrennt durch Wald, und nur verbunden durch einen Fluß oder Weg — wie ein armes Mädchen einige wenige Perlen recht weit auseinander auf einen Faden Seide reiht! An mich kamen die Befehle der Regierung durch den Milizobersten. Du kannst Dir das Schwierige der Polizei denken! So ein Dorf ließe sich kaum durch *Luftballons* bequem regieren! und wenn Sonne, Mond und Kometen etwa dergleichen sind, so läßt sich Einiges von der göttlichen Weltregierung entfernter Maßen begreifen!

Mir fehlte, außer meinem Hunde, ein freundliches Wesen, das mich empfing, wenn ich nach Hause kam. Tausend Dinge fehlten, des Morgens, des Mittags und, um nicht *mehr* zu sagen: *des Abends!* Mir fehlte die Gegenwart; mir fehlte die Zukunft, das heißt: ein Kind, oder Kinder, kurz mir fehlte ein *Weib!* wenn ich jetzt hier dauern und im Alter noch hier glücklich sein wollte.

Nun ist es gewiß die entschiedenste Thorheit, ein Weib zu begehren, das uns ganz gleich sei an Sinn, Bildung, Kenntnissen, Richtung; denn die Erfüllung dieses Begehrens ist durch die Natur dem Manne unmöglich gemacht und geht auf Männer, auf Freunde. Das Weib soll alles Das sein, was der Mann nicht ist; eine Frau soll grade alles Das nur *haben*, was der Mann *nicht* hat; er soll sich mit ihr, sie durch ihn ergänzen, damit *Ein Mensch* daraus werde! Und eine mit mir ganz disparate Frau hätt' ich gewiß bei uns unter den Engeln in Lüneburg gefunden — aber alle die Engel waren nicht hier! Indessen schien es doch gut: wenn ein *inneres* Band uns Gatten knüpfte, so daß wir gleich die Ehe beginnen konnten in *einem* Sinne, mit *ähnlichem* Streben — wenn unsere Stimmung uns durch *dieselbe Vorzeit*, die in unserm Gemüthe wiederklang, gegeben war. Am liebsten hätt' ich also ein Weib genommen, das, *auch* vom Vaterlande losgerissen, hierher verschlagen war wie ich! Aber zu ihrem Glück gab es keine solche Unglückliche hier.

Nach dieser also schien mir ein Wesen das beste, das, aus den Urvölkern dieser Gegend entsprossen, unsern Kindern Gedeihen und guten Bestand versprach, wenn sie wie fremde Aepfel auf dem — gutgemachten Quittenstrauch wuchsen, dem diese Erde seine mütterliche war!

Zu dieser Wendung hatte mich ein siebzehnjähriges Mädchen von dem verlöschenden Stamme der *Algonkinen* gebracht. Sie lebte in unserm Hause und hieß *Eoo*. Ohne eine Sklavin zu sein, verrichtete sie fast Sklavendienste. Denn jenes Urvolk der Algonkinen, kaum hin und wieder durch einigen Maisbau an die Scholle geknüpft, lebt in den endlosen Wäldern meist von der Jagd, und selbst eine Mutter überläßt, von den Sorgen um Nahrung umhergetrieben, mit schmerzlicher Freude die Kinder an Fremde, um sie nicht zu tödten! Den Vater der Eoo kannt' ich; denn ich selbst war einst Abgeordneter an die freien Indianer gewesen, und ich hatte ihnen, wegen Erhaltung des Friedens, wollene Decken, Zeuche, Gewehre, Messer, Spiegel, Scheeren, Kessel, Brillen, Töpfe und Rum von Seiten der englischen Regierung schenken müssen. Damit ziehen die armen Kinder ab, als wenn sie uns betrogen!

Eoo's Reize, ihr liebreiches Wesen leiteten mein Selbstgespräch bei der Eheberathung. Von einem Weibe (dacht' ich) verlang' ich vor Allem zuerst: *Gesundheit!* Ist die Frau gesund — dann ist sie heiter, willig, stets wohlgelaunt, zu allen Freuden und Leiden stark und verheißt dem neuen Zustande *Dauer.* Ohne Gesundheit sind all' ihre anderen Gaben — keine!

— Und gesund ist Eoo!

Zweitens sei das Weib *zuverlässig* in jeder Art. Denn all ihr Gutes wird zum entgegengesetzten Bösen, wenn es mit ihr nicht uns gehört. Bei den Liebenden aber ist Sanftmuth und Duldung und Zuverlässigkeit.

— Und *wen* Eoo liebt, den liebt sie bis in den Tod getreu. —

Drittens fühle und wisse sie, was nöthig und schicklich sei im Hause zu aller Zeit und wolle lernen, es herzustellen (denn jede Jungfrau wird erst als Weib ein Weib). Dann sorgt sie, daß Alle immer haben, weß sie bedürfen, das liebe Kind in der Wiege, und selbst der Hund an der Kette!

— Und Eoo ist die Seele und das Auge des Hauses!

Viertens habe sie *kein* eigenes Vermögen, als die drei ersten Güter. Denn — war mein Grund:

— Eoo ist nur so reich als Eva im Paradies!

Fünftens und Letztens erst sei sie meinetwegen auch schön! Das soll mich nicht *hindern*, ein Mädchen zum Weibe zu nehmen. Aber diese Fünf ist schon in der Eins — der Gesundheit, dem Ebenmaß aller Kräfte, enthalten, und das schönste Gesicht ist nach 365 Tagen dem Mann ein alltägliches; und vielleicht — Andern nicht!

— Aber Eoo war schön. —

So erbaut' ich denn ein Haus, und sie war mein liebes sanftes Weib Eoo!

Ich war glücklich mit meinem Naturkinde, ja ich empfand eine gewisse Verehrung vor ihr, gleich wie vor der Natur. Denn ich hatte sonst immer gedacht: nur Bildung gebe dem Menschen, dem Weibe den Werth, sie sei Etwas! Hier aber fehlte sie, und *dennoch* war meine Eoo Alles, was ich nur wünschen konnte vom Weibe! Und so sehr ich die Wirkungen ihrer Liebe empfand, so sah ich doch deutlich, daß in ihrem Herzen noch ein unermeßlicher Schatz, eine Kraft, ein ungenützter ungemünzter Reichthum derselben geborgen lag, den sie und ich in unserem sicher begründeten Zustand, unseren sanft verrinnenden Tagen gar nicht gebrauchen konnten! So rinnt aus einem unerschöpflichen See nur ein kleiner stiller Bach durch die grünenden Wiesen hinab und ernährt nur die Blumen da, wo er fließt, indeß seines Sees Fülle, wie mit einem Spiegel bedeckt, in ruhiger Gnüge glänzt!

O wie that dieß Wissen mir wohl, und ich hoffte vom Schicksal und betete: daß sie nie den verborgenen Schatz angreifen dürfe, in keiner Noth!

*   *

*

Der Ehesegen blieb nicht aus. Wir erhielten vom Himmel ein Mädchen, das, nach Eoo's Mutter, *Alaska* genannt ward. Als sie drei Jahre alt war — — —

Doch beurtheile mich menschlich! Wer aus Europa hierher kommt, bringt unermeßliche Wünsche mit, aus Verdruß ja Gram und Scham über unermeßlichen Mangel an geistigen und leiblichen Gütern unentbehrlicher Art; ihm steht der ganze Reichthum, das schöne geschmückte Leben schon erworben und fertig vor Augen, Alles, was hier sich entfalten wird — *dereinst!* wenn Gott auch hier über seine Menschen noch fürder waltet. Und Er waltet! Der Flüchtling aber ist schon elend, dadurch, daß er sein Vaterland dahinten lassen mußte, wenn er es sonst auch nicht war. Er wäre nicht geflohen, hätte er Reichthum genug besessen, um zu allem Elend — behüte mich Gott — zu lachen, und sich eine Art Hausfreiheit und Hausleben zu gründen. Nun kommt er hierher — und nun ist der erste, der heimlich ihn treibende, leitende Wunsch: großen Besitz, großes Vermögen zu haben! Nur dadurch glaubt' er erst hier sein Geschlecht gesichert, daß aus ihm erstehen soll. Er will nicht der Letzte des alten Geschlechtes sein, sondern gleichsam sein neuer Gründer, ein Saatkorn, das endlich sein wahres Klima gefunden zu endlosem — Wucher!

Nun lebte drei Tagereisen von uns ein Franzose, Mr. Saint-Réal, ein *Freund* von mir, weil ich einst bei einem Besuche sein Kind aus dem Wasser gerettet, das nach schwimmenden Lilien sich über das Ufer gedehnt. Er besaß ein herrliches Wohnhaus, große Gärten voll Obstbäume, reiche Gefilde rund und um sein Haus weit umher, Wald, Feld, Seen, kurz ein Fürstenthum — um das Wort hier zu mißbrauchen — der Sache nach. Sein Töchterchen aber war später dennoch gestorben! Und in seinem Schmerz sich zu zerstreuen, besuchte er uns!

Da lief meine kleine Tochter *Alaska* dem freundlichen Manne entgegen. Er hob sie empor, er drückte sie an sich, er sank auf einen Sitz mit ihr hin, er weinte — sahe das Kind an und weinte, das Kind war betreten, es trocknete ihm die Thränen, es seufzte schwer und schlang seine kleinen Arme um seinen Hals.

Eoo fühlte das tiefste Mitleid mit ihm. Sie sah mich an, als wenn ich unser Mädchen verloren, und hob die schönen Augen zum Himmel, ihm dankend, daß wir es glücklich besäßen!

Da ergriff der Freund jeden von uns an einer Hand und bat: „das Kind müßt' ihr mir lassen! Mein Weib ist schon todt."

Was konnten wir sagen? Das Wort: „mein Weib ist schon todt!" stürzte Eoo in den bittersten Jammer — um mich! als sei *sie* mir gestorben; und sie trug ihn still auf den Freund über, auf dessen gramblassem weinenden Angesicht er stand!

Und o Himmel, Eoo gebar mir in diesen Tagen einen *Knaben*, und die ganze mütterliche Liebe und Zärtlichkeit fiel, wie der Sonne ganze Kraft durch eine beschränkende Wolkenlücke, *jetzt* auf das holde Neugeborene hernieder! Sie sah es nur immer an. Es war aller mütterlichen Sorgfalt so ganz, so gar bedürftig, sie glaubte alle Liebe jetzt für den Säugling allein zu brauchen; ja, wie sie ihr Leben im zweifelhaften Falle für ihn gegeben, so war ich ihr selbst in diesen Tagen — nicht Alles, nur der Vater; aber sie die Mutter! und ach, die Mutter nur durch das Kind, um des Kindes willen! Die kleine Tochter Alaska war gleichsam mündig gesprochen; wie früher schon von der Brust, nun auch vom Schooße verdrängt; und das kleine Ding war still betreten, ja eifersüchtig, so sorglos zurück gesetzt, und flüchtete sich auf des Vaters Schooß, oder an die Brust des fremden Vaters, der in ihr alle Freude wiederzufinden glaubte, oder doch den Traum derselben wirklich genoß!

Unser neues Glück that ihm weh; er wollte nach Hause. Aber er drang nun in *mich um das Kind!* Ach, jetzt hätte ich sollen über die segenschwere

Frühlingsgewitterzeit der mütterlichen Liebe meiner Eoo hinwegsehen und ihm das Mädchen nicht geben, dessen sie jetzt nicht so zu bedürfen schien wie zuvor! Ich überraschte sie mit der Bitte. Sie erröthete zwar, sie verneinte es, zitternd mit schnell bewegtem Haupt — da schlug ihr Okki die Augen auf, und begehrte seinen Morgentrank an ihrer Brust! Sie drückte ihn sanft mit der Linken an, sie umschlang mit der Rechten die arme kleine Alaska, die in kleinen Reisekleidern schon fertig angezogen sich an sie schmiegte, nicht wußte, was sie that, als sie der Mutter die Hand küßte; nicht wußte, was ihr geschah, als Eoo sie, mit wie erzürnter flacher Hand vor die Stirn schlug, vor heiligem Mißmuth, daß sie von ihr gehen könne! und so ging denn das holde unwissende Kind von der Mutter, ach nur auf ein Augenblickchen! wie es meinte; von einer engbegränzten Neugierde gelockt — nur die *Lämmer* des neuen Vaters zu sehen! Und Er eilte so, als raub' er sie mir, und als schlafe die Mutter und ich wie beraubte Chinesen, denen die Räuber durch Opiumrauch von der Decke herab Reglosigkeit und Trunkenheit in das Zimmer geblasen, und die dann betäubt selbst ruhig und lächelnd zusehen, wie ihnen vor Augen der beste Schatz geraubt wird! So regten wir keine Hand. So eilt' er mit unserem Schatze davon!

Ich aber habe Dir gestanden, was mich überwältigte, nicht zu widerstehen: Mein Kind als *reiche* Erbin zu sehen! Sie *wohlerzogen* zu sehen! Denn der Freund war brav, gelehrt und edel. Er wollte durch ein in Quebec niedergelegtes Testament Alaska zu seiner Erbin einsetzen — und er war schon bei Jahren, und er war kränklich! Das sah ich damals; denn ich hatte die Augen des Bösen, oder doch des Leichtsinnigen — ich empfand es wie im Schlummer — ich mocht' es nicht denken! Kurz, der Mensch, selbst der Vater wird durch Begierden — abscheulich, widerspricht seinem wahrsten Bestreben selbst und hebt sein schönstes Glück auf. Du wirst die Folgen sehen — von Unnatur!

*   *
*

Die Tochter war fort! Aber wie zur Strafe starb unser kleiner Okki — unser Schutzgeist! denn das bedeutet der Name. Mit seinem Verlust war Eoo's Liebe gebrochen, und die Mutter langte von dem kleinen Grabe zurück nach ihrem gebliebenen Kinde, das ihr im Herzen nun wundersam wiederum auferstanden war, und so bald! so begehrt! — Und es war fort! Sie war wie kinderlos, und sie war es durch mich. Und in der Sehnsucht nach der Tochter verlosch der Schmerz um den kleinen Sohn, den sie nur wenige Monde gekannt und, wie der Seidenwurm um die Knospe, nur wenige Fäden der Liebe erst um das kleine Geschöpf gesponnen, wenige Blicke in das holde Blau seiner Augen versenkt!

Der Schlag war mir unerwartet. Auf das Leben des Sohnes hatt' ich gezählt in meiner — Rechnung. Mein Wort konnt' ich nicht zurücknehmen! Mein edlerer Trost war, daß doch dort drüben ein Vater glücklich sei, glücklich durch unser Kind! Unsere Jugend versprach uns bald einen neuen kleinen Schutzgeist des häuslichen Glücks. Aber ich betete umsonst zu dem Himmel um ihn. Denn Eoo hatte ein tiefer Mißmuth durchdrungen; sie wünschte sich nicht mehr, vielleicht zu neuem Verluste, ein Kind — und so lebten wir denn ohne Ehesegen! Sieben langer Jahre lang! Ich vermied, mein Weib in ein kindervolles Haus zu führen, und sie schien es *mir* zu Liebe von selbst zu meiden, denn das Haus mit Kindern, nur mit einem Mädchen machte ja *ihr* Leid. So liebte sie mich! so glaubte sie sich von mir geliebt, und mit Recht. Ich rieth meinem alten Freunde, uns nicht mit Alaska zu besuchen! Wir reisten nicht hin. — Eoo ließ mich nichts entgelten! höchstens seufzte sie: „wenn unser Okki lebte!" Sie ließ sich nichts merken, ja sie bestrebte sich selber, nichts zu empfinden, um immer mir heiter ins Auge zu sehen, immer freundlich-begnügt zu *sein*, auch wenn sie allein war. Solche Geschöpfe heißt man nun „Wilde" — aber das Weib ist überall der Liebe fähig, und Liebe bildet es überall.

Für solche Ueberwindung belohnte sie endlich der Himmel mit einem neuen Schutzgeist. Der Knabe wurde wiederum Okki genannt, als sei er der Erste, Wiedergeschenkte! Mit Thränen ward er begrüßt — zur Freude wuchs er uns auf. Er war zwei Jahre alt, als die Mutter es nicht mehr ertrug, daß Okki nicht sein Schwesterchen sehe! Alaska nicht den lieblichen Bruder! Nun reisten wir durch den alten jungfräulichen Wald.

Gleichwohl bestrafte Eoo mich hart! sehr hart! zu hart! — aus Wohlwollen und Gutmüthigkeit, muß ich denken und kann ich glauben von Ihr! Sie nahm mir nämlich, erst kurz vor dem Eintritt in das Gehöft, das Gelöbniß mit feuchten Augen und bebender drängender Stimme ab: Uns dem Töchterchen nicht zu erkennen zu geben! Sie, nicht als Mutter! Ich, nicht als Vater! — Als Vater! Wir wollten unser Kind ja nur sehen, nur besuchen; es sollte nicht mit uns zurück in die Heimath, ins Vaterhaus! Und würde es bleiben, wenn es uns — seine wahren Eltern erkannt? *gern* bleiben, wenn allmächtige Erinnerungen der Kindheit über das arme Mädchen wie stille, selige Sonnen vom Himmel hereinbrachen und ihre spätern Tage alle bis zu diesem, zu diesem ersten seligen Tage wieder an der Mutter Brust, in des Vaters Armen — umnachteten! und, so schön und lieb sie ihr vielleicht, ja gewiß gewesen, nun zu beweinenswürdigen machten! — Oder soll man, sollen Eltern selbst ihre Kinder — ich muß schrecklich reden — nur als Vieh ansehen, als Sklaven aus der Fremde, und auf ihre süßen treuen zarten kindlichen Gefühle und Neigungen gar keine Rücksicht nehmen? — Und wenn Ich — wenn Eoo, die Mutter, des *Töchterchens Liebe* gesehen — konnt' ich sie dann zurücklassen? —

Ich selber konnte nur schließen, daß das liebliche Mädchen, das uns, den Fremden entgegengeeilt und sie freundlich-sinnend betrachtete — unser *Kind* sei! Ich glaubte, nur ein Kind von drei Jahren an Alter, Größe und Wesen wiederzufinden, und sah überrascht, ja mit Bewunderung ein Mädchen von dreizehn Jahren, fein, herzlich, schon geschmückt und schon erröthend. Was — wie viel süße Wechsel, wie viel holde Verwandlungen hatte ich da verloren! Ich mußte Eoo ansehen. Sie merkte das wohl, aber sie sahe nur auf das — Kind. Ihr Busen hob sich, sie holte Athem lang und tief, um sich still zu beschwichtigen. Und sie verschwieg. —

Und so mußt' ich im Hause mit ansehen, wie sich die eigene Tochter mit ihrer Mutter wie mit einer Fremden unterhielt und sie umherführte wie irgend ein anderes Weib; oder den kleinen Bruder auf dem Schooß wiegte, ohne ihn mehr als — *ein Kind* zu lieben! Ich mußte sehen, wie sie groß geworden war ohne uns. Denn Eoo stöberte aus einem Schranke noch aufgehobene zerspielte Puppen auf! Sie war allein. Ich beschlich sie und sah, wie sie unbändige Thränen über die kleinen stillen Engelsgesichter weinte, und schlich so leise wieder fort. — Ich merkte, wie sie gern noch Alles heimlich an dem erwachsenen Mädchen nachthat, was sie andere Mütter hatte sehen an ihren Kindern, alle schönen Verwandlungen durch, bis in Alaska's Jahre, thun. Ja, als ihre Tochter einst neben Okki im Grase kniete und die Haare ihr aufgegangen, kniete sie zu ihr hin, flocht es ihr wieder, wand es um das gesenkte Köpfchen und küßte sie dann in den Nacken! Es ging in dem mütterlichen und kindlichen Boden, warm anquellend, rasch hervorgelockt von verborgener und ungekannter Liebe — wie von einer in Wolken verschleierten Sonne — und schnell emportreibend, eine *neue* Freundschaft auf, knospete, blühte bald und betäubte mich durch ihren geheimnißvollen Glanz und Duft! Und so gab mir wider Willen mein Weib zu bedenken: daß Liebe *bewahren* nicht Liebe *üben* sei! Daß Mütter die Kinder nicht aus Nöthigung, sondern aus eigenem reinen Bedürfniß lieben und warten und pflegen. Daß ihre Mühe und Sorge ihr Glück ist, ihr Leben! Daß, wenn eine reiche Mutter ihr Kind von einer Fremden in abgelegener Kinderstube erziehen läßt, sie sich selbst um das heiligste Mutterglück beraubt, und nur um — leer, hohl und frei zu sein, um Freuden einzutauschen, welche die ärmste, aber *wirkliche* Mutter nicht entbehrt und entbehren nicht kann noch mag! Und wer *die* Freuden verschmäht, die ihm als Naturwesen heilig und selig gegeben sind, was kann der in der ganzen reichen Welt noch Anderes erlangen, als — was ihn nicht selig macht, ja oft unselig, gewiß aber immer das Geringere, Schlechte! Ich mußte empfinden: Wer sein Kind einem Andern dahin läßt, als Gott, oder dem eigenen Leben desselben, der ist sein eigener Kinderräuber, ein Liebemörder. Denn wenn auch Er aus Verblendung ungeliebt so hin zu leben vermag, darf er dem Kinde die Liebe, das Lieben rauben? Ach, und was es lernen, gewinnen und werden mag in fremdem Hause — die Liebe erzieht allein am zartesten, sichersten, frömmsten. Sie kräftigt und stärkt für die Leiden des Lebens, sie erweckt und beseelt für alle Freuden; sie trägt und erhält schwebend in eigener Fülle und Sonnenklarheit über allen Zuständen und Wechseln des Menschen auf Erden; sie ist die reichste, die genügendste Mitgift für sie! Und Wer vermag solche Liebe ins Herz des Kindes zu senken als Vater und Mutter! Lehren können Andre, aber das Herz belehren durch Liebe, erfüllen mit Liebe, die ein wahrer ätherischer Stoff ist, himmlischer als Wärme und Sonnenstrahl, das kann kein Erzieher, weil Er ja so nicht lieben kann! Er bildet Talente aus, den Verstand, das Wissen — nicht so das Herz und die Seele! Liebe nur gießt Liebe ins Herz. Und nur Eltern sind so reich daran, sie stündlich, unermüdlich darein überzuströmen, darin aufzufachen, schon im kürzesten Morgen- und Abendgebet! Ja ein Dieb als Vater, eine Ehebrecherin als Mutter haben noch tausendfache Vorzüge *für Kinder* an sich. Sie werden noch dringender lehren und warnen! Denn sie sind Eltern! und was sie selber nun dulden: Schuld und Unglück, das sollen einst ihre Kinder nicht dulden, nein, rein und glücklich sein und bleiben. Und ahnen die Kinder der Eltern Leben, so weinen sie nur — und lieben doch! und was ist nöthiger im Herzen zu haben als Liebe? Durch sie wird wahrer Gehorsam ins Herz gepflanzt, selbst Duldung des Härtesten, sogar ohne Vorbild und lebendes Beispiel. Und was erhält die Millionen Menschen doch alle so ruhig? Was läßt die ärmsten Holzschläger im Walde den Reichen nicht tödten, der mit goldenen Steigbügeln zu ihnen reitet und die Gerte über sie schwingt? Was erhält den Essenkehrer ehrlich, und die Magd, die saure Arbeit verrichtet am Silberschrank? den Tagelöhner, der mit seinen paar Groschen in der Hand forteilt aus dem Pallast, seelenvergnügt, sie seinem Weibe und seinen Kindern zu bringen — was macht ihn zufrieden, als die *Liebe* zu den Seinen, die er als Kind gelernt, die *Ehrlichkeit* gegen sie, die er nun aller Welt angedeihen läßt und alle Welt mit denselben Augen ansieht, die auf Weib und Kindern geweilt, *wie die Augen seiner Eltern auf ihm!* — Was macht ihn zufrieden als das Kennen und Tragen eines inneren Gutes, die Milde und ihre Gewöhnung, ihre jahrelange selige Last! Sie beugt den Menschen vor Gott, dem Geber der Liebe, und erhebt ihn über die Menschen, die sie ihm alle nicht rauben können.

— Und unsere Tochter hatte ein Fremder erzogen! —

Erst am Abschiedsmorgen gab sich Eoo der Tochter, *schon ferne von ihr,* zu erkennen. „Das war Deine Mutter! mein Kind!" rief sie zurück und hielt die Fingerspitze aufs Herz.

Die Tochter wankte mit bebenden Knieen ihr nach; der Mutter nach! Aber die Füße versagten ihr allen Dienst; sie war blaß wie ein Engel, und mit ausgestreckten Armen sank sie nach vorwärts, mit Brust und mit Angesicht in die Blumen.

Eoo's Augen leuchteten. Ihr Gesicht war finster und ernst. — „Fort!"
sprach sie nun hastig, „nun fort!" und drängte, zu fliehen.

Aber Okki streckte die Hände nach Alaska. Zu schwach, ihn zu halten,
ließ ihn die Mutter zur Erde; er lief zu der Schwester.

Die Mutter stand. Alaska richtete sich auf und saß knieend auf ihren
Fersen und seufzte: „Du bist meine Mutter wohl nicht?" — Okki wand seine
Händchen um ihren Hals, die Mutter flog hinzu — der Vater zu Mutter und
Kind, drückte die Geschwister an einander, die Kinder an die Mutter, die
Mutter, von den Kindern umfaßt, an die Brust — und wir blieben noch bis
in den Mai!

*   *
*

Der Frühling war schön. Die Pfirsiche blühten rosig um unser Haus, die
Apfelbäume prachtvoll, wie mit Rubinen geschmückt, im Baumgarten.
Unsere Bienen trugen bis in die Nacht. Sie hatten nicht weit zu den
blühenden Fichten, die wie eine grüne pallasthohe Wand den eingezäunten
Acker umragten. Wir wohnten in einem endlosen Naturpark, den Ein
unermeßliches hohes zusammenhängendes Walddach bedeckte. Und wenn
ich am Saume des Waldmantels stand und einen Zweig faßte, so tauchte der
letzte Zweig des letzten Baumes am Waldrand drüben ins stille Meer! So
verschränkte sich Zweig in Zweig, und ein Eichhörnchen hatte nicht den
kleinsten Sprung zu thun und konnte auf dem grünen Waldmeer hinlaufen
wie eine Spinne über ein dichtgewebtes Kleefeld. Und welches Wunder war
schon nur Ein Baum! Gerad aufgeschossen aus der fruchtbaren Erde wie
eine grüne Flamme! thurmhoch, zweigevoll, vom Wipfel bis an den Boden;
und die Zweige blüthenvoll an allen Spitzen wie von göttlichem Feuer
angeglommen. Ein luftiger duftiger Pallast für ein Vögelpaar, ja geräumig
genug für eine ganze Familie. Was für den Menschen eine Reise auf den
Chimborasso ist, das war für eine Ameise ein Ersteigen des wie an die
Wolken rührenden Gipfels. Ich beneidete manchmal das kleine Thier, das
herabkam! denn so Etwas giebt es für *Menschen* nicht! So wohnt kein König,
wie der Papagei in diesen tausend Schattenhallen! Und daß ich größer in
Gedanken war, um das zu überschauen und klein zu finden — das machte
mich klein, und man sage mir nicht, daß der Mensch alle Genüsse der Erde
erschöpfen kann, daß die Natur nicht andere eigene Geschlechter gebildet,
denen sie nicht eigene unnachträumbare Freude vorbehalten, ihnen andere
Brunnen der Wonne geweiht, unverstanden und unverständlich ihrem
Menschen, geheimnißvoll selig neben und um ihn, im Meer, Fluß, im Wald,
in der Rose! im Wassertropfen! Ja, wenn ich das ahnte, sah ich die Gestalten
des Wolkenzugs mit Erstaunen an, ich hörte mit stiller Bewunderung die
Flamme im Holz auf dem Herde sausen und hielt die schimmernde

Taubenfeder, die sich wie furchtsam noch vor der Adlerfeder krümmte, mit Lächeln gegen die Sonne; oder das geflügelte Samenkorn des Zuckerahorns, und den befruchtenden Blüthenstaub, ja die elastische Nadel der Sprusselfichte auf meinem Handteller — und nun erschien mir der *unermeßliche Wald* erst ein göttlicher Zauberpallast voll geheimen seligen Lebens, ein Wunderwerk der Fee Natur voll eigener Kraft und Herrlichkeit! Und dieß ahnen, dieß träumen — war *meine — die menschliche* Wonne.

Und dieß Feenreich wollte doch jetzt die Natur zerstören — vielleicht ihrem Menschen zu Nutz und Frommen! Was sollt' ich denken? Denn nur durch Gedanken war diese Feuersündfluth zu beherrschen, zu deuten, wenn auch der Geist nicht erliegen, erblinden sollte, wie Leib und wie Auge!

Zu Noah kamen *Engel*, die ihm den Untergang alles Lebendigen, um sich zu retten, verkündeten. *Wer* kam zu uns in die Wüste des Waldes? Doch nein, die Boten des Herrn kamen auch zu uns. Ein Komet! ein Zweiter! ein Dritter! — Wir Menschen verstanden sie nicht! Es ward Sommer; es war Trockene, Dürre, erstickende Hitze. Meine Pfirsiche, meine Apfelbäume hatten umsonst geblüht! Umsonst der ganze, königreichgroße Wald. Aber zum *letzten Male*, wie war er schön! *Wer* wird das hier wiedersehen? — vielleicht selber die Sonne nicht! die ihr Auge nicht zuthun muß wie der Mensch, vielleicht wie das Menschengeschlecht! das Auge, das sie *vor* ihm aufgethan! Wir konnten das Unheil uns *denken!* denn die von Gott uns gegebene *Vernunft* ist gewiß und wenigstens, dem mächtigsten immer uns gegenwärtigen, mit uns lebenden, schauenden, uns leitenden Engel ähnlich. Und so hat Jeder Einen, den Seinen! Das Getreide war vor der Zeit — ohne Körner gereift; die Brunnen versiegten, die Bäche vertrockneten ganz, die Flüsse rannen nur sparsam, das Wasser des Weihers war breit vom Rande zur Mitte gewichen. Die Natur lechzte und schmachtete. Selbst der die Nächte, wie Regen, sonst fallende Thau, der bis auf die Haut näßt, daß die Blätter der Bäume wie nach dem stärksten Gewitterregen perlen und tröpfeln, daß es im Walde des Morgens rauscht — er erquickte die Bäume nicht mehr. Die Stämme waren heiß, selbst des Morgens noch warm, die Zweige matt, die Nadeln bleich und welk, das Laub verfärbt wie im Herbst, fahl und kraftlos, es fiel ohne Herbststurm, ohne Lufthauch! Die Tannen, Fichten und Pechkiefern schwitzten Harz wie vor Angst; der Honig floß aus den hohen natürlichen Bäuten zur Freude der Ameisen. Das hohe Gras raschelte dürr, wenn ein Hauch es bewegte, wie Stroh. Ein Blitz konnte den Wald entzünden! ein Sturm die Wälder entflammen. Sollten wir ruhig sitzen in dem beschränkten Wahne: „*Uns* wird ja kein Unglück treffen! *Wir*, wir vor Allen, sind ja Gottes Kinder" wie manche fromme Frau sagt — (auch meine!) wenn ein Gewitter am Himmel wüthet, und — *den Nachbar todtschlägt*, der auch so gesagt, und auch Gottes Kind war. — Sollten wir unser Leben dem Wahne vertrauen: kein Hauch werde vom Himmel wehen? Denn nur von dem Hauche und der

Kohle eines Indianers hing unser Leben, das Leben von Millionen Waldbewohnern, das Dasein der Wälder ab, die zu Schatten, zu Staube wurden durch ihn. Aber der Mensch, jeden Augenblick von des Himmels Huld abhängend, vertraut ihm auch, wo er ihn warnte, so leicht, so sicher in seiner gewohnten Ruh bis zum äußersten Augenblick!

Er kam.

Eh' wir noch Etwas *sahen*, verbreitete sich in der Nacht ein eigener Wohlgeruch; nach einigen Tagen zu herb, zu bitter, zuletzt brandig. Die Augen fühlten sich gedrückt, ja einige weinten, ohne zu wissen worüber, und lachten! Unabsehbare Züge der Tauben flogen, den Himmel verfinsternd und auf der Erde einen flirrenden, wie dahin rauschenden Schatten werfend, über uns weg. Und sie kamen doch sonst erst im Herbste auf unsere reifenden Felder zurück! „Wo ist denn ihr Taubenschlag?" fragte Okki, der sie zum ersten Mal sah. Wilde, schwere Truthühner folgten ihnen tiefer; sie waren so müde, daß sie in unsre Gehöfte fielen, und die Menschen sie fangen konnten; sie duckten die rothen Köpfe an den langen schwarzen Hälsen auf die Erde und zogen vor der sie fassenden Hand nur das weiße Augenlied über das Auge. Jetzt war in Westen ein Rauch wie Hegerauch zu sehen, der in der Morgensonne erschreckend glühte. Lange, lange weiße Streifen flossen davon wie Ströme in die Thäler. Dünner, dann dichter, und dichterer Rauch überzog das Gewölbe des Himmels; die Sonne schien roth, dann düster und matter hindurch, bis sie ganz aus den Tagen verschwand.

Der Rauch, schwerer und schwerer, senkte sich tiefer und tiefer, bis er wie ein Nebel über uns fiel, Alles ausfüllte wie eine Flut und jedem nachwallte, der in ihm schritt. Alles Leben stockte; ein jeder ging müßig, und nichts mehr wurde gethan als noch gekocht.

Und *Ich* war der Mann, dem die Sorge für dieses verlorene Dorf anvertraut war! Aber gerade die Erfahrensten beruhigten mich. Neue Ansiedler konnten sich, wie alle Jahre geschieht, Plätze zu Wohnungen, Gärten und Feldern leer brennen, und brenne die Flamme auch weiter als ihr Gebiet sei, wen kümmere das? Zuletzt stehe der Brand an baumleeren Savannen, an Seen, Flüssen, Felsengebirgen; oder Regen und Frost lösche ihn endlich aus. Einer trage des Anderen Last!

Als aber nicht allein Hasen und Rehe, selbst am Tage, vor uns in der Rauchdämmerung wie Schatten vorüber flohen, sondern Hirsche, wilde Ochsen und Büffel; als die Bären brummten, die Wölfe heulten, als selber die schlauen Füchse kamen: da mußte der Waldbrand uns nahe sein, denn Feuer war nicht zu sehen. Als aber ein Elenthier sich gezeigt, aus dem *nördlich* gelegenen Wald; als Jemand einen Caguar, oder eine Tigerkatze, aus dem *südlichen* wollte gesehen haben: da mußte der Waldbrand *groß* sein! Als aber die Menschen aus dem *westlich* gelegenen Kirchspiel kamen, mit andern noch ferner von ihnen Wohnenden — als sie Menschen *begegneten*, die aus dem nächsten *östlichen* Kirchspiel geflohen: da schien es, als habe der Waldbrand uns schon um*ringt*.

Wir hielten einen Rath. Die Nothglocke erscholl.

Wir versammelten uns auf dem freien Platz vor der Kirche. Die Fremden saßen und ruhten, manche selbst ohne ihre Bürden abzulegen, oder ihre Bündel aufzumachen. Unsre Weiber und Kinder vertheilten indeß still Speise und Trank an die Flüchtigen. Niemand dankte; so natürlich war Geben und Empfangen. Andere schlichen in die geöffnete Kirche, den Himmel anzuflehen, und knieten ermüdet, sanken hin und schliefen hart und fest.

In den *brennenden* Wald können wir nicht! sprach Einer. Aber nur ein Adler, oder ein Mann im Luftball könnte uns führen, wo er *nicht* brennt! O es giebt einen Ausweg, hundert — gewiß — aber wir wissen sie nicht und fehlen sie! —

Haben wir Lebensmittel genug, rieth ein Anderer, so suchen wir gerade den *abgebrannten* Wald auf! Die Stämme stehen, wie Ihr wißt, nach dem Waldbrand noch; alle Millionen Schlangen, alle wilden Thiere, alles Ungeziefer der Erde ist dort vertilgt, und nur die Baumstürze sind dort zu fürchten, denn die Wurzeln der Bäume sind mit verkohlt. Aber wie wissen wir den *schwarzen Wald!*

„Auf die Savannen!" rief eine Stimme. — „Führe uns!" erscholl's aus der Menge. „Wer an den Lorenzostrom gelangte! Das wär' ein gefüllter Wallgraben der Natur! Das Meer ist zu weit! Und selber die Städte sind vor solcher Feuergewalt nicht sicher. Man hat *nicht genug* gesengt und gebrannt — nun thut es der Himmel!"

Neue Klagen! alte Rathlosigkeit! Menschliches Wissen und Verstand war blind geworden, Klugheit verschwunden, wie es keine Wolken mehr gab. Und so folgte die ängstliche Menge nur Eingebungen, ja wahren Täuschungen — ihrem Glauben. Ein Häuflein ließ sich von einem lichten Streifen am Himmel, vom Winde dort aufgedeckt — nach Norden hin ziehen. „Dort ist es feuchter!" trösteten sie sich. Sie nahmen kaum Abschied. Niemand sah ihnen nach. — Andre beschlossen, der Richtung der wilden Thiere nachzuziehen. — „Aber die begegnen sich ja!" warfen Einige ein. „Das ist albernes Vieh!" riefen Andre. So zogen sie fort. Ja die Meisten folgten einem alten Manne — bloß weil er *Noah* hieß! als führe er seine Söhne und sie und alles Vieh in die bergende Arche! —

Und doch lachte Niemand. Das war wohl entsetzlich!

Nun hatt' ich bloß für mich nur zu sorgen, das heißt für die Meinen. Eoo saß zu Hause und weinte um ihre Tochter Alaska. Aber sie befolgte eilig, was ich rieth: Jagdkleider, wo möglich Alles von Leder, anzuziehen. Auch Hüte sollten uns gut thun. Wie sollten wir fortkommen, hätten wir viele Lebensmittel zu tragen? Fanden wir überall Wasser! — So war beschlossen, die milchende Eselin nur mit dem Nöthigsten schnell zu beladen. Alle Dienstbarkeit hatte aufgehört; kein Mädchen, kein Diener war mehr im Hause zu finden. „Ich gehe fort!" meldete Eine, nur in die Thür tretend. „Geh' mit Gott," sprachen wir. Eoo ließ die Kühe los, sie machte den Hühnern und Tauben den Vorrathsboden auf, den Papageien das Fenster. Ja sie ordnete Alles und stellt' es an seinen Ort, als sollten hohe himmlische Gäste das Haus betreten! Und als sie nun Alles besorgt, was ihr Pflicht schien, trug sie uns zur letzten Mahlzeit den großen gebratenen Truthahn auf, dessen rother Kopf noch glänzte. Der kurzen Sicherheit froh, aßen wir still und hätten gern das Mahl noch Jahre wo möglich verlängert! Mich hieß die Wehmuth: den schönen menschlichen Zustand, im eigenen Hause, umgeben von meinen Lieben, ganz mir bewußt, noch recht zu genießen und zu erschöpfen! Aber es mußte geschieden sein. Eoo sprach mit Thränen ein inbrünstiges Dankgebet nach Tische. Sie fiel mir um den Hals. „Gott geb' uns das wieder!" fleht' ich; „wieder so zu sitzen wie heut — nach überstandener Angst!" Uns sahe ein Gott, er sahe selbst, wie der kleine Okki die Händchen erhob und weinte, weil er Thränen in unsern Augen sah — aber, ich hatte gefehlt — *mein* Gebet erhörte er nicht.

Ach, es fehlt uns Jemand! seufzte Eoo. Nur das treibt mich fort. Wir fänden den Tod hier so gut wie da draußen! Wir nährten hier die verlassen zurückgebliebenen Alten! wir pflegten die Kranken — o Gott, sie bleiben! Sie bleiben mit sich und mit Gott allein. Doch ich — ich muß fort!

Und so geschahe nun eilig. Die Eselin war mit Tüchern für die Nacht, einem kleinen Bett unter Okki's Kopf, und mit Bouillon-Tafeln, wie ich sonst mit auf Reisen nahm, und mit wenig anderem Geräthe beladen. Eoo war wie ein Jäger gekleidet — und schien gleichsam von sich selber Abschied zu nehmen; denn sie sah in den Spiegel, und sah über ihre Achsel mich; ihre Augen füllten sich — ich sahe das wohl. Doch Fassung war nöthig. Wir sahen im Zimmer umher — vergessen war nichts, als Alles. Okki freute sich zu reiten, und Eoo konnte dem kleinen eingeborenen amerikanischen Esel nicht wehren, der Mutter zu folgen, besonders da er schon abgewöhnt war, da beide, wo sie leben konnten, auch leicht ihr Futter fanden, und für Okki gesorgt war. *Laufen* konnte uns doch nicht retten!

Als wir nun schieden, trat ich noch einmal dicht an ein Fenster, hielt die Hände neben das Gesicht wie Scheuleder vor, um nicht geblendet zu sein, und übersahe noch flüchtig das Zimmer, den Aufenthalt von Menschen, die lange darin so glücklich gewesen! In der Mitte stand der Tisch von gesprenkeltem Ahorn! am Kamin der verlassene — Sorgenstuhl! Dort Eoo's kleines Mahagonitischchen, darauf lag der halbfertige kleine Strumpf! Am

Kamin stand Okki's braungemaltes Wiegenpferd und machte ein schweigendes finstres Gesicht! und im Spiegel sah Jemand, mir gegenüber, herein — der Ich war, und der wunderliche Geist sah mich selber an und äffte mich still. O Unerforschlichkeit des Stillebens! des Scheidens! — Ich schied.

Aber nun selbst wohin in dem Labyrinth der Wälder? Nur nach Umständen konnt' ich mich richten; sonst hatt' ich den Compaß. Aber wie Jene dem Allvater *Noah* gefolgt, so folgten wir jetzt — Ariadne, dem Hunde, der glaubte: wir reisen wieder zu unsrer Alaska!

*   *

*

Wer nun die Scenen dieses großen Naturschauspiels beschreiben könnte, der muß es nicht gesehen haben! Denn wer es erlebt hat, der konnt' es nicht fassen, nicht überschauen, vor Größe, vor Schrecken, vor eigenem Jammer oder vor Mitleid; wie Jemand die Schlacht nicht, bei der er in Reih und Glied gekämpft.

So zogen wir hin! Und als der Weg ausging; als die Laschen und Mahle an den Stämmen sich auch verloren; als der Bach eine Wendung machte, war der Hund unser Wegweiser auf der Fährte des Wildes, und wir Menschen nahmen sie an. Es war ein tiefes Schweigen im Walde, und nur aus der Ferne hörten wir zu Zeiten einen verhallenden Schall von Fliehenden, die sich anriefen, um sich nicht zu verlieren im Nebel des Rauches.

So zogen wir bis an den Abend. Eoo breitete nun Tücher, hing Tücher über Zweige, und unsere Hütte war fertig. Wir aßen, wir schliefen, oder glaubten zu schlafen, wir wachten — und glaubten zu träumen, so verworren war unser Bewußtsein. Furcht jagte vielleicht uns schon in der Nacht auf, denn durch den Nebel brach ein sanfter Feuerschein und Glanz, wie wenn man im Flusse unter dem Wasser die Augen aufthut, wenn brennendes Abendroth auf ihm liegt. Nur oben rauscht' es leis in den Wipfeln; drunten war schauernde Stille.

Am Mittag traten wir wider Vermuthen in einen Eichen- und Buchenwald, der *aus*gebrannt war. *Ab*gebrannt ließ sich nicht sagen; denn die Bäume standen noch, aber die Stämme schwarz, unabsehbar, ein Anblick wie ein Trauergefolge aus Millionen Trauernden. Aller Unterwuchs war verschwunden; Kräuter, Gerank und Gesträuch; der Wald war *eine* schwarzgraue Wüste. Nur die Wurzeln oder die Rinde der Bäume glühte noch auf, wenn der Wind daherfuhr. Dann leuchtete und knisterte es tausendfältig. Auch das Laub der Kronen war verbrannt; manches geschwärzt, nur gebräunt, aber Alles versengt und dahin; und nur hin und her erschien eine jüngere Eiche noch mit einigem Grün, wie der Wind die

Flammen getrieben und sie verschont, zu andrer Verderben. Graue Eichhörnchen, Füchse und Luchse hatten auf diese verschonten Bäume sich scheinbar gerettet, aber sie saßen still, als wir nahten — sie waren todt, von der Hitze darunter erstickt. Sie hatten die Augen zu — sie schliefen! Ja von dem äußersten Ast einer der Buchen hing, mit der Klapper angewickelt, verkehrt mit dem Kopfe nach unten, eine Klapperschlange herab; ihre schaukelnde Bewegung war nur vom Winde, und sie glänzte und troff von ihrem Fett. Weiterhin fanden wir ein auf dem weißen Gesicht liegendes Opossum, das sich *todt gestellt*, in der tödlichen Gefahr; aber die Glut war an dem, seinem rettenden Triebe getreuen, Thier nicht vorüber gezogen, ohn' es mit ihrem Hauche zu tödten! Eins seiner Jungen hatte Athem schöpfen wollen, aber glühenden Tod geschöpft. Der Anblick der treuen Mutter, des armen Opossum-Kindes ergriff Eoo. Sie stand; sie blickte zum Himmel, der nicht zu erblicken war. Hierzu kamen die Fragen des Kindes, dem wir von allem Auskunft geben sollten, oder das uns bat, nach Hause zu kehren, es habe genug gesehen und sei so müde! Dann nahm ihn die Mutter vom Thier und trug ihn, bis er einschlief, und trug den Schlafenden; und wenn ich ihn nehmen wollte, wehrte sie still mir mit ihrer Hand und lächelte mich an. Fühllos aber sprang der kleine Esel mit seinem großen Kopfe tölpisch hinter uns drein. Ich gönnt' ihm sein Glück.

Auch wir schienen jetzt im Sichern. Nur der Boden war heiß, und uns war, als zögen wir unter scheitelrechter Sonne. Die Richtung des Windes hatte uns gestern gerettet! Ach, die Menschen wünschen sich so unbedenkend „guten Morgen!" — „guten Tag." Das ist eine große, nicht verstandene Erinnerung an die Natur, die all' unser Leben regulirt! Eine unerkannte Ahnung von dem Wetter, was sein *könnte!* von den Stürmen der Natur, die in ihren uranfänglichen Tagen brausten — die *heut* noch herein brausen können über die Welt! Und so sagen die Menschen unbewußt froh: wir haben heut schönes Wetter! und freuen sich der Natur, die so ruhig, so freundlich um sie leuchtet wie ein Stillleben! Und wer bedenkt genug, daß wir Alle vom Wetter leben! Ein Regen bestimmt und ändert der Menschen Geschäfte; ein Sonnentag versetzt' uns so recht ins menschliche Dasein; ein blauer Himmel macht uns heiter; am trüben Tage stockt das Leben in uns. Eine Wolke macht reich und arm; ein Hauch kann uns verderben! Ein anderer Wind bringt allemal anderes Wetter. — Uns stürmt' es zur Rettung vor uns dahin, und wir wandelten wie auf einem gewonnenen Schlachtfeld, traurig, aber froh des eigenen Lebens! Wir ruhten, schon im Abenddämmern, auf dem hohen Felsenufer eines dampfenden, wahrscheinlich jetzt heißen Sees. Denn die noch wenigen Bäche führten fast siedendes Wasser ihm zu. Um seine Ränder und Buchten hatte die Waldung gebrannt. Die Sümpfe umher waren sehr eingetrocknet, ihr Wasser hatte sich bis tief in den Grund erhitzt. Die Fische hatten nicht entfliehen können, aber . . . . . Wir hörten jetzt von Ferne es brüllen, wie dumpf eine Heerde Büffel brüllt; nur klang es ängstlicher, und ängstlicher vom Echo wiederholt. Es näherte sich uns. Wir saßen still. Ich hatte das Feuergewehr auf dem Knie. Indeß fürchtet' ich nicht so sehr, denn vor eigener Angst schonte der Todfeind jetzt den Todfeind. Jetzt sahen wir es springen wie Kälber von Kälbern, mit tölpischem Sprunge, dann ruhte, dann brüllte, dann sprang es wieder! Und so eine Reihe entlang, wie Gespenster, die sich kauernd und springend nahte. — „Ochsenfrösche!"* sagte mein Weib mit Lächeln erst, dann mit Thränen im Auge; „sie suchen frisches Wasser!" — Aber sie irrten entsetzlich! Denn durch unser lautes Anrufen „ho! — ho!" das sie zurückscheuchen sollte, machten sie nur einen Bogen — und nicht weit von uns sprang die grünliche Schar desto schneller vom Fels in den See, und das Brüllen verstummte — aber sie schwammen nach und nach aufgetaucht, alle ausgestreckt, von dem heißen Wasser verbrüht, auf der Fläche umher. So hatte ihr Trieb sie doch nicht ganz getäuscht — sie waren nun ohne Qual und ruhig. Jetzt sahen wir erst: — bräunliche Biber saßen, aus ihren glühenden Bauen vertrieben, auf den Felsen umher und schienen auf die Fläche des Sees zu starren, die von zahllosen Fischen bedeckt war, die auf der Seite lagen und schimmerten. Große gelbliche Wasserratten krochen darauf umher, und Wasserschlangen suchten matt und mit halbem Leben an den erhitzten Felsen empor zu klimmen und stürzten im Falle geringelt zurück. Ein Flug von Wasservögeln wollte sich an einer freien Stelle in den See stürzen; aber die klugen Führer versuchten das Wasser und schrieen kläglich über die Verwandlung ihres Elements und schwirrten weiter hinauf im Dampfe dahin. Wir aber brachen auf, die Höhe des Berges zu erreichen. Eoo trieb. Denn von droben war die hoch und frei gelegene Meierei meines Freundes, gleichsam meines Kindes Stiefvater, meiner Frau zweiter Mann, von Ferne — eine Tagereise weit — zu sehen, wo unsere Tochter lebte. Lebte? —

* Rana maxima, oder der Riesenfrosch.

Wir fanden die Felsengrotte, die wir schon auf der Heimreise als Gasthaus benutzt. Eoo bettete das Kind weich auf Laub und Tücher, wies den müden Hund bei ihm an, zu wachen, der sich ihm zu Füßen legte; Esel, Mutter und Sohn, mit Klingeln um den Hals und dem Rufe gehorchend, weideten indeß zum dürftigen Abendbrot, und wir stiegen zum Felsengipfel.

Welch ein Blick in das Land umher, so weit das Auge trug! Heftiger Unterwind herrschte; uns gegenüber am ganzen Horizont hatte er eine Rauchwand aufgethürmt, riesengroß, schwarz wie die Nacht! Ein breiter Strich des Himmels war offen. Aus der schweren Decke, die über unsrer Heimath lag, fuhren Blitze wie geschleuderte Feuerschlangen empor. Denn die Wälder darunter brannten. Und wie aus dem Becher des Vesuvs in der Nacht nur eine schmale Flammensäule und Feuergarbe emporloht, so schlug hier eine feurige blendende Flammengischt, breit von Süd bis West, aus dem ganzen Lande in den Aether hinauf und stand, in der Ferne schweigend und unbewegt, wie ein göttlicher Nordschein. Aber über den näheren Wäldern bewegte der Sturm die wallenden Flammen wie Saten der Hölle, und sie wogten wie Wogen des Meeres.

Unser verlorenes Dorf war dahin, und die andern mit ihm. Das Fernrohr that keine Dienste, durch dazwischen schwebenden Dampf und Qualm vernebelt.

Aber jenseits drüben glänzten die Fenster des Hauses unseres alten Freundes wie in der untergehenden Sonne. Deutlich brannte *dahinter* der Wald; der Weg von uns bis dahin schien noch frei; aber schon stachen lange, brennende oder dampfende Zungen einzeln aus dem dunkelgrünen Walddach-Teppich! Wie der Wind sich richtete, vereinigt' er sie — vielleicht — und überzog ihn dann ganz mit Feuer und Purpur.

„Sollt' ich noch wagen, dahin zu eilen, die Tochter zu holen, zu retten?" getraut' ich mich zu sprechen.

Kannst Du es *nicht* thun? frug mich Eoo.

„Sehen sie nicht dort die Gefahr? wie wir unsere sahen?"

— Wird sie uns nicht verzweifeln? — frug Eoo.

„Wird der alte Mann von den Seinen verlassen sein, wie die unsern uns flohen? Er war so gut! Sie waren so treu." —

— Alaska wird ihn nicht verlassen! so kommen sie Beide um! —

„Lebt nicht Gott da drüben und waltet und rettet, wie er hier lebt und gerettet?"

O wohl! o gewiß! sprach sie; aber soll ich nicht retten, nicht eilen, nicht wissen! Ach, davon spricht er die Mutter nicht frei! Ich soll mir die Tochterliebe verdienen — nicht schmachvoll sie tragen!

„So wollen wir umkommen? und Okki?" frug ich Eoo.

Sie sah zur Erde mit finstrem Gesicht. Der Wind riß in den Wurzeln verbrannte, gelöste Bäume im Thale auf einmal zu zwanzig, zu hunderten um. Sie krachten am Boden, sich wild in einander zerschlagend. Qualm stieg auf. Es leuchtete wieder. Dann brach das Gekrach als Nachhall in den Schluchten der Berge erst los! — Andere Sturze! Neuer Donner, Qualm und Funkensprühen — und neuer Nachdonner umher bis hinaus. — Furchtbare Schlacht der Natur mit sich selbst. —

Eoo hörte das unerschrocken, doch düsterer als zuvor. Ein unaussprechliches Lächeln, und in dem Lächeln ein heiliges himmlisches Lieben sprach aus ihr in mich! Sie zog sanft ihre Augenlieder über ihre Augensterne, und so stand das schöne sehnsüchtige Antlitz hinüber nach ihrer Tochter gewandt. Ja sie schien mit dahin gerichtetem Ohre zu horchen: „ob sie ihr rufe?" Sie hielt die Hand halb erhoben und abgewendet von sich, mir Schweigen anzudeuten, als höre sie wirklich das hülflose Kind, und nicht das Flüstern der eigenen Angst um sie.

Sie sehnte sich, zu ruhen. Als wir zur Höhle gekommen, war es, als habe sie ihren Okki verloren gehabt und nun wiedergefunden, so freudig erschreckt von seinem Anblick, kniete sie zu ihm und küßte ihn munter und hörte ihn reden und drückte ihn an sich und zog mich mit in des Kindes und ihre Umarmung. Das verstand ich nicht!

Noch im Finstern, als ich glaubte, sie schlafe schon lange, drückte sie mir noch von Zeit zu Zeit die Hand, leis und leiser. Ich fühlt' es noch, schlafend.

— Am Morgen war sie verschwunden.

*　　　*
*

Ich stand erschüttert mit gefalteten Händen — ich betete — aber die Lippen bebten mir nur. Okki war da — er freute mich kaum! Ich holte kaum Athem! Vor meiner Phantasie war ein Abgrund aufgethan. Mir war klar — das Mutterherz hatte Eoo nach ihrer Tochter gezogen. Ich konnte in wachem Traume mir immer wechselnde Bilder malen. Bald sah ich Eoo verirrt! — bald erlag sie! — bald weinte sie nach mir zurück! — bald stürzte sie froh in die Arme der Tochter, sie war bei ihr, bei ihrem Kinde, denn *das Kind in Noth, ja in ungekannter Noth, ist das einzige Kind, das liebste Kind dem Mutterherzen,* so viel sie glückliche außer ihm hat! Ihre strebende hülfreiche Seele schien mir glücklich, das linderte meinen Gram. Ihre Liebe sah keine Schrecken. Und was vermag denn also die so gefürchtete Natur mit all' ihren drohenden Werken und Wirkungen über die innere Gewalt der Seele des Menschen? — Nichts! Sie erhebt ihn nur himmlisch und stärkt ihn: sie selbst nicht zu achten! — Die Gefahr *zog* mein Weib zu dem Kinde; ihr Anwachsen trieb sie — zur *Eil!* die Flammen erleuchteten nur — ihr Kind in der Ferne. Aber was Eoo gethan, das that kein Weib, das that — eine Mutter. Denn von dem vielgetadelten, hoch gepriesenen, und oft mit Recht seit Sirach und Euripides mit harten Sprüchen beladenen weiblichen Geschlecht ist nur Etwas ehrbar — *die Mutter!* Nichts *darüber!* Nichts *weiter!* — Aber hab' ich das übrige Geschlecht nun verurtheilt? Nein, erkannt! hoch, himmlisch hoch gestellt! — Jeder, der lebt, hatt' er nicht eine Mutter? Will und soll jegliche *Jungfrau* nicht eine Mutter werden? Lebt die *Matrone* von etwas Holderem als den Gedanken, wo sie in der Lichtsäule des Lebens wandelte? Woher stammt die Liebe? in allen! wohin führt sie alle? Und so ist alle andere Liebe nur Vorklang, Nachklang und kindisches Wesen gegen Kinderliebe und Kindesliebe!

Und sie, die durch mich in Eoo's Herzen gestockt — wie brach sie nun aus! O was litt' ich! Ich war in keinem brennenden Walde mehr — mir brannte die thörichte Schuld im Busen.

Ich war spät erwacht — Eoo war schon weit! doch sie war nicht allein, der treue Hund begleitete sie. Mir fehlte kaum eine Hand voll Lebensmittel. Okki begehrte nach der Mutter. „Sie holt Deine Schwester," sagt' ich ihm lächelnd, ihn herzend und küssend — weinen durft' ich ja nicht — und das machte ihn lächeln und in die Hände klopfen!

Mein erster Entschluß war, ihr schnell zu folgen. Aber war sie mir nicht durch irgend einen anderen Unglücksfall verloren? Ach, mein Herz zweifelte nicht, nur mein kühler Verstand. Mein zweiter Entschluß war, zu warten, bis sie wiederkehre. Aber ich *mußte* einen dritten ergreifen, denn von der rechten Seite herein ging der Wald jetzt in Feuer auf, und der Weg war mir abgeschnitten. Wie breit er brannte, wie schnell das Feuer an der Erde im Grase hinlief, an den erhitzten, Harz schwitzenden Bäumen hinauf leckte, wie lange es verweilte, um feuchte Stellen auszutrocknen und dann doch noch mit seiner Gewalt zu entzünden, wie weit Eoo schon eilte, war nicht zu berechnen! Ueber ihren Weg hinaus blickend, athmet' ich tiefe Züge ein, als wollt' ich den Wind zurückziehen und die Luft einathmen und halten, damit sie sicher eile! Ja, wie der Mensch ist, mich beruhigte fast der Qualm — weil er Alles verhüllte! Kein Anzeichen der kranken Natur forderte mich auf, ich durfte Alles dem göttlichen Walten — getrost überlassen.

Mich hatte eine Furcht befallen vor der Natur, die — natürlich war und schmerzlich an Wehmuth grenzte; noch mehr aber bannte mich Staunen und Kummer, den tiefer Verdruß mir bitter machte. War mein Okki, mein einziges Kind nicht verloren, wenn ich mich opferte? War das Leben mir irgend noch werth, wenn ich ihn auch nun verlor, nur beschädigte! Ich saß auf dem Berge und wiegte ihn fast den ganzen Tag auf meinen Knieen, mocht' er nun wachen, oder schlummern an meiner Brust umarmt, seine Händchen um meinen Hals geschlungen. Ich schien mir kein Mensch mehr — denn um mich war nicht mehr die gewohnte Natur und das Leben, das uns zu Menschen macht. Speise und Trank war vergessen. So saßen wir. Mir dämmerte es nur im Sinn, ich empfand mich nur in der Liebe zu diesem Kinde, wenn es mich Vater nannte. Wie wenig ein Vater, ein Mensch ist, wie wenig er leisten kann — das drückte mich nieder. Ja, soll ich mein Herz ausschütten, so sag' ich: Der gewöhnliche alte, uralte Gebrauch der Welt, der immer und allen in Unglück und Tod schließende Lauf des Lebens war mir jetzt doppelt verhaßt; die *Trennung* von unseren Lieben, die es seinem alten Gesetz nach gewiß mit sich bringt. Die Eltern sterben, wenn die Natur dieß Gesetz nicht noch schrecklicher umkehrt, *eher* als ihre Kinder, also *von* ihren Kindern; — *alle* Kinder verlieren die Eltern, wenn es noch *gut* geht! und in derselben Stunde verliert jeder, jeder Vater zugleich sein Kind, *denn auch der*

Sterbende kann noch verlieren, nicht der Lebende allein — er sieht sie in ihren eigenen einsamen künftigen Tagen nicht, er überläßt sie der weiten, gefahrvollen Welt, jedem Schicksal, zuletzt *auch* dem Tode! Sein liebendes Auge möchte bei allem dabei sein, sein Herz es wissen! Und so wünscht' ich jetzt mir in diesem gefährlichen Zustand bethört die verkehrte Freude, *daß wir Alle zusammen umkämen in einer Stunde!* in demselben beglückenden Augenblick!

Doch auch der Wunsch war nun vergebens. Sollt' ich hier harren, bis uns die Lebensmittel ausgegangen? wo selbst keine Beere im Walde mehr zu finden war? Und dennoch häuften sich in der Nacht die wilden Thiere im verödeten Walde. Ihr Geheul verrieth noch Angst; die Mächtigen schonten der Kleinen, Rehe liefen unverfolgt von Wölfen, der Albatros flog vor dem Adler sicher. Aber das mußte bald anders werden und schrecklich! Auch für uns! Beim ersten Dämmer des Tagscheines brach ich denn auf und richtete mich nach dem Compaß, um den großen Strom, den Cataragui, bald zu erreichen.

Ein beschwerlicher Weg! eine fast hoffnungslose Flucht! Kleine Bäche von Theer und Harz, halberstarrt, waren hier; Hügel von Asche, vom Winde zusammen gewirbelt. Feuchte, quellige Stellen dampften noch. Nur aus Felsenadern ein frischer Trunk. Brach ein Sonnenblick durch die wie niederhangende Wolkendecke, und sah ich unsern Schatten an der Erde hinziehen — dann konnt' ich weinen. Da verschwand er wieder, aber die Thränen blieben stehen im Auge.

Endlich gelangt' ich in frischen Wald von Weimuths- und Pechkiefern und Sprusselfichten, voll zahlloser großer Heuschrecken und Schmetterlinge. Es zirpte und schwirrte wunderlich und flirrte, wie Schnee flirrt. Ich hörte das an; es war unerforschlich, geisterhaft und verschwand nicht und hörte nicht auf! Ich zog wie im Schattenreich. Noch zwei Stunden, unheimlich — ich möchte sagen unweltisch, wie ich nie gelebt — und wir waren auf einer baumleeren Savanne. Ein raschelndes Grasmeer voll blühender, aber gewelkter Pflanzen in weiten Waldufern, und hin und her nur Gebüschgruppen, die wie kleine Fahrzeuge darauf zu schweben schienen. Aus einer beträchtlich großen Vertiefung sah ich Rauch aufsteigen; der Wind führte mir Laute aus Gesängen zu. Da waren Menschen! Ich eilte. Aber erst mit Anbruch der Nacht erreicht' ich Ermüdeter ihren Rettungsort.

Ich glaubte Flüchtlinge aus den Kirchspielen und den verlorenen Dörfern zu finden, und, sonderbar hier, ich sah eine weiße Friedensfahne auf einem der ersten Bäume ausgesteckt! Sie war im Glanze der Feuer sichtbar. Alles schwieg.

Ich hielt. Mein Esel schrie lauter, als ein stürmender Nachtwächter bläst. Mir that es leid um die Ruhe der armen müden Menschen. Während meiner verständlichen Verweise raschelte es in der Krone des Baumes. Eine Gestalt wie ein Bär kam am Stamme heruntergegleitet. Sie nahm von frischem die Decke um die Schultern und reichte mir eine Hand und hieß mich herzlich willkommen. Des Mannes Gesicht schien röthlich im Glanze der Flamme, doch seine Züge waren europäisch. Er nannte sich mir Monsieur d'Issaly, und, hier in der Fremde, *seinen Landsmann!* Auch ich that so.

„Ich beobachte den Wind!" sagte der ziemlich bejahrte Mann mir erklärend. „Denn jene Indianer haben ihre Rechnung geschlossen, und schlafen in Frieden, das Haupt vertrauend auf die mütterliche Erde gelegt. Sehen Sie da den letzten Rest des ganzen Volkes der Algonkinen!" —

Schauer überlief mich. —

„Wir mögen ihrer noch gegen 600 *Mann* sein, *Weiber* und *Kinder* mit eingerechnet, wie bei Xerxes Heer. Ein bejammernswürdiges Ende so vieler herrlichen Tage, im Schooße der Natur verlebt! Aber einzeln und völkerweise — hinter dem Jäger steht der Bettler — sie mußten auch so vergehen!"

— Ich dachte nur an Eoo's Vater, an ihre Schwester! —

Und betrübter sprach er, einen gebildeten Sinn verrathend: „Auf jenen armen Köpfen, in jenen schlafenden Herzen ruht das Wissen, Leben und Streben eines ganzen uralten Volkes. Sehr besonders! wahrhaftig unerklärbar! So viele Geschlechter von ihnen gelebt — *sie* sind nur von allen noch übrig. Uebrig, wie abgenommene Aepfel von einem alten Apfelbaum, wie der Apfelbaum von den frühern Tausenden *seiner Sorte*. Und von jenen Menschen allen, die aus ihnen, wie aus den Aepfelkernen, noch kommen sollen, stehen nur *sie* erst da! Eltern und Kinder! Niemand weiter! einsam schauerlich, dem schrecklichsten Elemente, nur einem Hauche bloß gestellt!"

Er seufzte, sein eigenes Schicksal bedenkend.

Und ich tröstete ihn: Das ist das Heilig-Anschauernde jeder Blume, jeder Pflanze, die so hergebracht in die Gegenwart hineinblühen, so einzig, so wichtig, als Ahnen der Zukünftigen, als Träger der Zeit, nur sie selbst — und so schutzlos, so schutzbedürftig und doch so kindlich unbesorgt. Und mit Recht.

„*O diese Einsamkeit der Geschlechter!*" seufzt' er; „und jetzt dieß Volk — Schatten möcht' ich es nennen! Ich kann Ihnen sagen, es graust mich an. Jean Jaques würde weinen! Aber was kommen mir Thränen ins Auge? — die Natur hat mir gar zu wenig Ehrfurcht vor ihren herrlichsten Werken. Sehr besonders! Wahrhaftig unerklärbar! Geduld ist die Tugend der Wilden. Aber Er würde doch weinen!"

Wir müssen glauben, erwiederte ich, wenn nur Zwei von ihnen übrig bleiben, so ist, wie Sie sagen — die Sorte gerettet! Wenn nur Einer dereinst in späten Tagen ein vollständig gebildeter Mensch wird, so ist des Stammes Zweck erreicht. Die Spitze des Pfeils hat getroffen! Ja, wenn nur Ein Mensch von allen Geschlechtern wie ein einsamer Engel auf Erden dieß Ziel erreicht und dann über Wolken verschwebt: so muß das verklärte Menschengeschlecht sich selig preisen. Denn das Paradies zwar liegt uns Menschen allen zurück, aber das tausendjährige Reich — *vor* uns, und das Himmelreich ist inwendig in uns zu aller Zeit. — Ich mußte vor Schmerz des eigenen Verlustes stöhnen und setzte hinzu: Das war der Irrthum des guten Jean Jaques.

„Unser Schicksal treibt mich, das bald zu glauben!" sprach er. Indeß — wenn mich Etwas tröstet, so ist es die untrügliche Berechnung, daß in ganz Amerika nicht viele Ureinwohner gelebt — daß also nicht schon so viele umgekommen! „Wie viel Hirsche stehen auf der Quadratmeile? das ist die Basis zu dem Exempel, wie viel hier jemals Wilde gehaust, denn das heißt ja nur — Jäger."

Diese Bemerkung hätte mich *sonst* getröstet. Jetzt schwieg ich. Die Augen fielen mir zu. Ich lehnte mich an den Esel; er wankte auch.

„Kann ich Ihnen dienen," sprach er da freundlich, „mit Allem, was wir haben — und wir haben Alles, was wir immer haben, jetzt in Ueberfluß, so kommen Sie zu dem Wigwam, diesmal von Schilf. Ach, das schöne Paris!"

Er blickte noch zu seinem Tuch auf, beobachtete den Himmel und sprach: „Der Unterwind wäre gut! aber das ist immer der, dem der Athem ausgeht. Fällt aber der Oberwind, der Neugeborene, herab, und das kann morgen geschehen, dann weht er von dort — dann bringt er die Flammen! Doch eine Mahlzeit war immer erlaubt und ehrenvoll, selbst dem *Leonidas*. So wollen wir uns nicht schämen! Mein Bärenrücken wird gar sein. —"

Ich band den Esel an den Baum; Monsieur d'Issaly half mir, ihm dürftiges Futter hinzutragen. Dann nahm ich mein Kind, und wir traten in den herzbeklemmenden stillen Kreis.

Wir stiegen in eine Vertiefung hinein, offenbar in den untersten Kessel eines von Sommerhitze ausgetrockneten mäßigen Sees. Der Ort war weislich gewählt, schützte vor Wind und Rauch und erlaubte, gefahrlos Feuer anzuzünden. Wir mußten an dem großen hellen Nachtfeuer, das in der Mitte brannte, vorüber. Ich stand einen Augenblick.

„Die betagten Frauen hier brauen Arznei für die Kranken, die Hustenden und Halbblinden," sprach d'Issaly. „Nur die Häuptlinge, die Tai's, führten, für die Anderen sehend, lange Reihen der Männer und Weiber, die sich leicht an einander anhielten und mit zugeschlossenen Augen hinter einander, wie blinde Enten, folgten. Glaubt' es oder nicht, unser allergrößter Schmerz ist in den Schläfen und Kinnbackenmuskeln vom beständigen Aufblasen der Backen, um den Rauch zu verscheuchen. Andere sehen kaum mehr. Die Todten haben wir heut mit Gesang bestattet. Die jungen Leute aber haben heut *alle nur möglichen* Hochzeiten gemacht! Da ruhen sie nun in den Hütten umher!"

Auf einmal hob sich das Feuer empor, fast mannshoch, und der Boden mit ihm, wie ein umgestürztes Boot. Das brennende Holz und die Kohlen rollten auf beiden Seiten herab und fielen uns fast auf die Füße; dann borst die Erdrinde, von einer unsichtbaren Gewalt gesprengt, die alten Weiber flohen und schrieen die Männer auf. Und ein weit geöffneter, nach Luft schnappender Rachen eines Alligators streckte sich aus der Gruft, dann brach er, noch Brände auf seinem Rücken, mit einem Sprunge hervor. Aber er ruhte halb schlaftrunken und lag geblendet von auflodernden Flammen. Das gewaltige Feuer über seinem Rücken hatte ihn aufgeweckt aus der Tiefe des Schlammes und Mergels, worin er sich hier in der Hitze des Sommers vergraben, und der getrocknete Mergel hatte eine feste Kruste über ihn hingewölbt.

Ich gab mein Kind einem erstaunten Mädchen. Wir ergriffen einen brennenden Pfahl, stießen ihn tief in den zähnestarrenden Rachen, der sich vor Schmerz noch weiter öffnete. Herbeigeeilte Männer halfen uns stark und schnell, selbst Knaben griffen an, und so lag der ungebetene, todesgefährliche Gast auf dem Rücken und dampfte, schlug mit dem Eidechsenschwanz in die glühenden Kohlen, daß sie umher flogen, und ehe er wußte, er lebe, war er schon todt. Das Feuer ward um ihn geschürt, und die große Krokodilgestalt schrumpfte zusammen und hob, wie um Erbarmen bittend, die Schildkrötenpfoten gleichsam gefaltet zum Himmel! Die berauschten Hochzeitgäste waren nüchtern vor Schreck, die berauschten Begräbnißfeirer schlichen wieder fort; nur einige Knaben blieben, und die alten Weiber stellten ihre Arzneien wieder in die Kohlen.

Mein Okki war, mit dem Gesichte auf der Schulter des Mädchens, eingeschlafen. Ein Kind sein ist unschätzbar, unkaufbar. Selbst die Mutter hatt' er vergessen. Wir gingen vor Hitze glühend. Ich bettete ihn in d'Issaly's Hütte. Der Kleine fühlte nicht Hunger und Durst — er schlief. Ich aber aß, mehr um dem Sohne den Vater gesund und stark zu erhalten für die *bevorstehenden* Beschwerden, als aus Lust an Speise, die Schnitte von d'Issaly's Bärenrücken, den dasselbe Mädchen geröstet. Dann streckten wir uns hin auf die Decken, die Flasche mit Rum stand zwischen uns, und die Pfeifenköpfe glimmten bei jedem stillen Zuge im Dunkeln auf.

Da erst fragte mich mein Wirth nach meinem Namen, woher und weß Landes ich sei? Ich nannte ihm Deutschland, Hannover, Lüneburg —

meinen Namen: *Hagen.* Ach, und diese Worte nun hier in der Ferne, der Wüste, in alle dem Elend auszusprechen, kam mir so ungehörig, ja widernatürlich, so fremd und unglücklich vor, als wenn wir sonst in der Iliade lasen vom göttlichen Hektor, von seinem Todtenhügel, und der alte Rector wie vom Himmel dabei herunterrief: „Troja ist heut zu Tage türkisch!" Ich theilte ihm meine Schicksale mit, ich erzählte ihm unsere Flucht, — meiner Eoo That und Verlust — vielleicht ihr Opfer! Ach, dieß Vielleicht fiel mir schwer auf das Herz! Selbst das Mädchen, das still an der Hütte gesessen, schien zu weinen, ja sie stand zuletzt leise auf, und ich sah ihre Gestalt hinüber in der Dämmerung verschwinden.

Ich schlief in Thränen ein, die Wange an meines Kindes Gesicht. Ich war im Traum am Gestade von Tauris, ich hörte den Sturm, den Donner, und der Chor der Priesterinnen sang ihr verzagendes:

O welche Nacht! Tod droht uns Armen!

Welch banges Grau'n, welch Traumgesicht!

Ihr Götter schenket uns Erbarmen,

Erhört dieß Fleh'n, und zürnet länger nicht!

Ich mußte im Schlafe die Worte vernehmlich sogar gesungen haben, denn mir war, als hörte ich d'Issaly einstimmen, oder als säng' er wunderlich selbst gegenwärtig unter jenen Priesterinnen:

Wann trocknen unsre Thränen ab?

Drückt Leiden ewig unser Leben?

Ach, soll allein das stille Grab

Die lang entfloh'ne Ruh' uns wiedergeben?

*   *
*

Spät machte meine schwerträumende Seele Tag. D'Issaly war schon fort. Der Nachmorgen hatte etwas Zauberhaftes, als sei die Erde unter andre Gestirne versetzt. Fünf Sonnen standen am rauchumzogenen Himmel, roth wie ein Licht durch Rubinglas. Meine Sinne waren durch so viel Nieerlebtes gelöst und berauscht, daß mir fast nichts mehr wunderbar däuchten konnte. Woher es stamme, was es bedeute und sei, fiel gewiß Niemandem ein; Alles war nur, was es im Augenblick schien; heiß oder kalt, trüb oder hell, *das* war, was uns rührte! Die fünf himmlischen großen Rubinen schmolzen zuletzt und zerflossen in unbeschreiblich herrlichem Farbenspiel; und nach einer halben Stunde schien der Himmel ein Spiegel geworden, in dem sich die goldgelbe

Sonne besah, und die Menschen konnten dieß ihr zur Seite stehende Bild in dem Spiegel sehen, und sie selber zugleich.

D'Issaly kam, setzte sich zu mir und sprach: „Es herrscht eine Wahrsagung hier unter dem Volke, daß, „*wann die blinde Frau den blinden Hirsch fängt,*" sein Leben am Ende sei!"

Das Leben des Hirsches, oder des Volkes? frug ich ihn.

„Umgeben vom Waldbrande sind wir;" antwortete er. „Der feurige Kreis ist geschlossen; nur grüne Bauminseln zittern und glühen noch hin und her. Das Feuer überspringt sich selbst. Wollen Sie den blinden Hirsch nun sehen? Er steht dort mitten in dem dichten Kreis der erstaunten Indianer leicht angebunden. Er ist matt bis auf den Tod, ein blindes Weib hat ihn am Geweih gefaßt und halten mögen, da er mit dem Winde auf sie gekommen. Viele machen ihr nun Vorwürfe, daß sie zugegriffen! Einige behaupten, sie sehe *noch*, oder *werde* wieder sehen, und bemühen sich fast verzweifelt, ihre Augen herzustellen; Andere versuchen, den alten Hirsch wieder sehend zu machen, damit die Alte keinen *blinden* Hirsch gegriffen! Gläubigere behaupten: der Hirsch sei doch blind *gewesen*, wenn er auch wieder sehe. Vor Allen brüsten sich die Wahrsager und scheinen mehr Freude über das Eintreten des vor Alters Vorhergesagten zu fühlen, als Angst über den dadurch angedeuteten Untergang. So sind die Pfaffen! Die jetzt ganz natürlich erprobte Wahrhaftigkeit *der alten Thoren* giebt ihnen neue Würde, die doch nun am Ende wäre! ja wirklich zu Ende geht! Ich konnte drei blinde Bären fangen, wenn ich blind war, um so närrisch zu sein, mich zu Tode umarmen zu lassen."

Wir traten zu der Scene. Und der Anblick der Menge war wirklich wunderbar, welcher der alte edle Hirsch mit schwarzberäuchertem zackigen Geweih als ein Gesandter *vom großen Geist* erschien. Wer es auch hätte wagen können, ihn zu tödten, der wäre als Frevler zerrissen worden! Ein Greis gab ihm Mais aus seiner magern Hand zu fressen und blickte dabei zu den zwei goldenen Sonnen, und dem alten Vater standen die Thränen in den Augen. Alle waren gerührt, auch ich wendete weich mich ab.

Gerade jetzt trug das Mädchen — sie hieß *Ayana* — meinen Okki eilig nach einer andern Hütte. Ich eilte ihr nach. Da trat ein Algonkine hervor, schnell gab sie ihn *dem* auf den Arm, eilte hinein und verbarg sich.

Jener aber trat mir entgegen und frug mich auf französisch: „Du bist doch meiner Eoo Mann? Nein Du bist es eben nicht, das wissen wir schon, darum ist der Knabe nun mein! Mein Blut rinnt in seinen Adern. Aber *Ayana* hat Unrecht gethan, ich wäre schon frei und offen gekommen, den Knaben Dir abzufordern. Du bist *als ein Gast* zu uns genaht, selber in Noth, darum gehe Du unberührt von hinnen!"

Er wollte hinein gehen. Ich hielt ihn an Okki's Arme, der schrie. Er stand. Es war Eoo's Vater! Seine schwarzen Augen funkelten, die Nüstern seiner schön gebogenen Nase bewegte Zorn, seine Lippen schwellte Verachtung, und mit seiner hohen Stirn, umwölkt von glänzendem schwarzen Haar, stand er mir herrlich und unbegreiflich da. Und doch regte sich eine heimliche schwere Schuld in mir, eine Schuld am Mutterherzen. — Aber ein Wort ist den Indianern ein Schwur, es ist Wahrheit der Gefühle — und Okki war mir verloren, wenn ich ihn ließ. Das Kind konnt' ich nicht fassen, wir hätten es zerrissen; Eoo's Vater konnt' ich, ihretwillen und meines Dankes wegen, nicht tödtlich, nicht ernstlich beschädigen wollen; das dacht' ich klar. Aber mich befiel eine Wehmuth und eine Wuth zugleich, daß ich nicht mehr die Folgen erwog, noch das Gelingen von dem, was ich that. Ich faßte den Vater, ich rang mit ihm — während daß — ihm Ayana den Knaben wegriß. Meine Kraft war furchtbar gespannt, und doch wollt' ich so eben dem Manne, in Thränen ausbrechend, an die Brust fallen und vor Verehrung der Liebe zu seiner und meiner Eoo ihn an mich drücken — da riß mich d'Issaly rücklings von ihm weg. Er selber half mich mit Baststricken binden und trug mich mit anderen Männern in seine Hütte. Er selber ging von mir weg und ließ sich nicht sehen.

Nach einer Stunde kam Ayana, setzte sich in scheuer Entfernung von mir und schien mich mit Antheil, ja mit Neigung zu bewachen.

So lag ich und starrte hinaus auf den offenen Platz in die Savanne und zum Himmel.

Der Oberwind war herunter gestiegen und brachte die Flamme. Vor ihr den heißen Athem, und vor ihm den weißen Rauch. Ich sahe, die Indianer rissen ihren Schmuck aus den Ohren, die Tai's warfen ihre rothen und blauen Federhüte von sich und zogen die Ehrenschuhe aus. Bis auf den Gürtel unbekleidet erschienen sie nun bemalt mit Farben und Strichen, und selbst bei den Frauen wäre diese Bemalung ein wirkliches Kleid gewesen, das den Körper nicht sehen ließ. Sie stimmten Gesänge an, deren langsam steigende Töne das Herz zerrissen und, bebend in der Tiefe gehalten, das Innerste erschütterten. Das Feuer vertrieb sie aus dem Walde, wie die Otter die Vögel aus dem Neste. Ihr Geschlecht war ins Land der Geister gestiegen; nun war an *ihnen* die Reihe, ohne daß ihnen Jemand der Ihren mehr folgte. Sie waren die letzten rothen Häute in diesem Lande. „Die Bäume machte der große Geist — nun zerstört' er sie wieder. Das blinde Weib hat den blinden Hirsch gefangen, die Hirsche und wir verschwinden aus den Wäldern mit den Wäldern, und Alles war ein Bild im See, ein Bild, bis die Nacht ihm erspart, zu sein!"

Das, wähnt' ich, müßten sie jetzt da vor mir singen.

Aber der Trunk ging umher, und der Lärm schien Jubel in dieser höchsten Noth. Hier erschallten Hochzeitlieder, dort Grabgesänge, als Nachklänge der Stimmung des vorigen Tages und aller Tage! Das unendliche reiche, und bis in die innerste Tiefe aufgeregte Gemüth *des Menschen* schien noch für die Wiederholung jedes Gefühls, jeder Beschäftigung des früheren Lebens — wie ein Schlafender die Geschäfte des vorigen Tages gedrängt und schnell wiederholt — eine kurze Minute in Anspruch zu nehmen, ja alle seine Freuden und Leiden noch einmal ganz ausschütten zu wollen, zu müssen! Der Tabak, den sie in kleinen Kugeln verschluckten, mußte sie bis zum Wahnsinn berauschen. Dann hielten sie einen Rath. Das Calumet, die Riesentabakspfeife, ging umher, und jeder rauchte daraus so entsetzlich, so entsetzlich die Noth, so nöthig der Rath war! so räthlich ein großer Entschluß!

Und sie faßten ihn wirklich im Stillen.

So nahe, so nahend hatt' ich das Feuer bisher nicht gesehen. Jetzt knisterte *es* nicht weit von uns am Boden dahin; es knackerte, prasselte tausendfach, und wo Flämmchen hinflackerten, stiebten nun erst müde Schnepfen und Kragenfasanen und anderes Geflügel auf, wie Phönixe neu aus den Flammen belebt. Hin und her ein wilder Ochse mit dumpfem Gebrüll, oder eine Gesellschaft wasserberaubter Kraniche. Dem Abbrennen des Grases und des Gebüsches folgten Funken und Qualm, dem Qualme Aschenwolken, die aufstiegen und niederfielen und wieder aufstiegen; glühende Kohlen flogen empor, die wuchtenden Flammen dobberten und sausten, nur mit sich selbst zu vergleichen. Ihre Richtung war von der Linken zur Rechten. Ich war fühllos. Hier konnte Niemand retten als Einer. Alles, was ich sah, war mir nur noch eine Erscheinung, ich selbst eine Erscheinung auf der Erde. Ich nahm eine Hand voll Sand auf, betrachtete ihn, und der Staub war mir unbegreiflich! woher ewig, ewig wozu? unnöthig, wenn nicht entsetzlich, daß er sei. Aber er war mir kaum, die Körner schimmerten nur; ich sahe meinen Leib vor mir liegen wie ganz etwas Fremdes, nicht mein, auch jetzt nicht, oder nicht mehr. Der Lebensglanz war selbst von den Gedankenbildern meiner Frau und meiner Kinder abgefallen, die Liebe gesunken wie eine Flamme, so schien auch der Tod nun nicht Tod mehr! Also auch Jene vor mir dort anzusehen, so aufgegeben in der leuchtenden Wüste der Welt — war nur ein reines Zuschauen, rein — wie Eis.

Drei alte ehrwürdige Männer, wahrscheinlich Zauberer oder Wahrsager, die gewiß vorher immer ihre Verbindung mit dem Himmel gepriesen, gelangten jetzt auch dafür zu der Ehre, *„als Gesandte zu dem großen Geiste"* zu wandeln. Sie dankten feierlich für dieß Zutrauen! Stricke von Bast um den Hals tanzten sie unter zujauchzenden Liedern. Ein Häuptling nahte wieder und sprach während alle schwiegen: „Bittet nur, daß der Hase möge weiß sein, nicht braun wie im Sommer! Er wird das schon verstehen; und es ist ihm so leicht wie einen schwarzen Adler aus weißem Eie zu machen!" —

„Gleich Schnee! überall gleich funkelnde Bäume mit Eiszapfen daran so lang, als Er will!" rieth ihnen die Menge; „Er kann es auf einmal so gut, als nach und nach! Dieß Alles thun nur *die Untergötter* — vielleicht die Manitto's — die bösen; doch *Er* ist der *Herr des Lebens*. Zeigt eure angesengten Haare! Laßt Ihn die Flasche heißes Trinkwasser kosten! Er wird euch glauben, wenn Er euch sieht, und uns helfen, wenn Er euch glaubt. Sagt Ihm: Wir würden *Ihm* helfen, wenn *Wir* Alle droben *große Geister* wären, und *Er* allein hier unten so elend wie wir, umringt von den Flammen! Das muß Ihn erbarmen, denn Er ist der große Geist!"

Die Himmelsboten versprachen das Alles; dann tanzten sie wieder; die Lieder erschollen, die Männer tanzten, die sie an den Stricken hielten und, auf den Wink eines Häuptlings, die Schlingen um die Hälse der Himmelsgesandten zuzuziehen, mit begierigen Augen harrten. —

Ich schlug die Augen nieder mit unaussprechlichem Gefühl — ich weiß nicht vor Was; ich drückte sie zu — ich weiß nicht vor Wem. Meine Seele hatte sich verloren in den Wüsten des Raumes, in den Abgründen der Zeiten. Es flammte in mir wie ein goldener feuriger Schein! und in dem inneren Meteor erblickte ich auch Deine Gestalt, mein Bruder, die Gestalt des Vaters, der Mutter und alle der Lieben! Ich fühlte mich in der Heimath. Wunderlich tauchten die früheren Erscheinungen vor mir auf und verschwanden verdrängend und wieder verdrängt. Mir fiel ein Mann ein, ein sehr hoher Mann — und ich mußte sarkastisch laut auflachen! Ein herzlicher Mensch frug ihn einst, um ihm durch eine auf die Spitze gestellte Alternative zwischen Selbstsucht und Mitleid eine erschütternde Einsicht in sein mitleidloses Herz zu geben, er frug ihn: „ob er lieber wolle alle Tage seines Lebens alle guten Braten essen, alle *edlen* Weine trinken, und so fort befehlen, wenn dafür ein ihm ganz unbekanntes Volk sammt seiner Insel im stillen Ocean versinken und umkommen solle?" Da der sehr hohe Mann vorgab, das Volk nicht zu kennen, blieb er bei gutem Braten und edlem Wein — und ließ das Volk verderben.

Hier war nun zu sehen, was *Mitleid* sei, oder nur *Wohlwollen*, und was Selbstsucht! Hier stand ein Volk am Rande des Abgrunds — und wie der unbarmherzige Mann aus meinen Augen im Geiste jetzt hier das ansah, wie seine Stimme, gleich sonst, auch jetzt in mir sprach: „alle mein Lebtag Braten und Wein" — da faßt' ich mich selbst an der Gurgel. Doch ich besann mich! Warum haben die Wilden kein Mitleid? — Sie haben keine Phantasie, sie fühlen nur sich, nur den Schein der Natur wie die Kinder, sie können ihr Ich nicht in Andre versetzen — und Menschen ohne Mitleid sind eben — Wilde Ueberall!

Aber der *große Geist* empfindet jedes Herz, jede Freude und jedes Leid aller Menschen in seiner Brust wie wir, und mir schaudert zu sagen, *als* wir. —

Nämlich: die Himmelsgesandten schwankten schon — sie schienen nicht mehr auf der Erde. — Die Noth stieg am höchsten. Eben sollten sie erwürgt — gesandt werden. —

Da ward plötzliche Windstille!

Nichts in der Natur hat mich je mehr erschüttert. Der Herr war im Säuseln. Mir schauerte die Haut. Der Rauch stand, er zog empor. Das Feuer strich wahrscheinlich an dem graslosen Bett eines ausgetrockneten Baches dahin, es wehte nicht über; die Savanne blieb weiter unberührt — in mildem Glanze stand nur Eine Sonne am Himmel, die Freude war unaussprechlich. Die halbtodten alten Gesandten wurden mit goldgelben Einseng erquickt. Die verständliche Aufführung des Sprichwortes: „Dieses *Glas* dem großen Geist" war jetzt zu sehen; *ja das Calumet ward ihm zu Ehren geraucht*, und der Dampf war das Opfer. Denn die armen Indianer, zum Erwerb des Lebens zu ewigen Zügen verurtheilt, fast nimmer ruhend, nirgend beständig, haben keinen andern *Gottesdienst*, zu dessen *Ausbildung* erst beharrende Völker gelangen.

Monsieur d'Issaly kam und umarmte mich voll Freuden. — „Das war eine große Lehre!" sprach er; „Gott Lob! sie hat mich klug gemacht! Auch Sie sind zum Glücke hierher gekommen. Rings draußen war sonst ihr Grab, ihr Heidenbegräbniß in eigener Asche!"

Ich blieb düster sitzen, ja zornig.

„Aber auf wen sind Sie böse?" fuhr er freundlich fort; „Sie zürnen? — Ueber die Rettung? vielleicht über mich? Es wäre wohl jetzt ein Augenblick, zu vergeben! Aber mischt' ich mich nicht darein, so sah ich, spielten Andre voll Erbitterung Ihnen leicht übler mit als ich — zum Schein that. Sie haben sich noch nicht losgebunden? Doch Sie konnten mich noch nicht kennen!"

Er löste mir die Füße, schleuderte den Bast hinweg und sprach: „Nun ist es vergessen! Aber sie müssen dem Vater vergeben! Er erfuhr ja Alles! Er ist der Vater! und ist ein Algonkine! Bei den Söhnen der Natur gelten nur große Tugenden, nur wenige; aber sie und die oft so gefährlichen Lagen fordern sie dringend fast jeden Tag! und von Jedem werden sie leicht geleistet — wie man in Europa einem guten Freunde wohl einen Ducaten — auf dreifaches Pfand borgt. Wer hier ein musterhaftes Werk gethan, wird kaum erwähnt, aber wer es unterläßt, wird verachtet. Ich sage nur so. Hier darf ein Mann sein Weib nie verlassen; er muß die Gefahr für sie bestehen. Und wehe auch mir, daß ich nur solche *Anhänglichkeit* noch bewundere! Hier ist auch die leichtsinnigste Verbindung goldenfest; denn das ganze Herz, die volle Gewalt des Strebens schloß sie. Sie kennen dann in dieser Art nichts Anderes mehr, nichts Besseres mehr, und was sie besitzen, daran besitzen sie gleichsam ihre sichtbar gewordene Seele, sich selbst! ein zweites, liebreicheres Mal. Und darin nun leben sie. O, es ist kein Traum, daß die Unsern, „die Unsern" sind, daß es *außer ihnen keine* mehr für uns giebt — wenn wir es verstehen. Sind die Unsern gekränkt, krank, elend, todt — dann sind wir dahin! Was ist dann das Leben noch? — Dem Wilden: Nichts! Er schlägt sich selbst nicht so hoch an, nicht höher als seine Neigung und Liebe, die er in seine Lieben versenkte. Kann man Welt und Leben göttlicher achten? Aber Ihr — ach — *Wir* halten nichts für einzig, nichts einzig werth für uns! so lieben wir nichts, so bleibt uns immer und immer wieder die immer wieder leere Welt noch übrig! O wir sind groß und erhaben über uns selbst! — Und so forderte jetzt der Vater den Sohn seiner Tochter dem Manne ab, der —"

Sie irren, d'Issaly! rief ich, ihn unterbrechend und erröthete über und über. Ich schwieg, schuldig — zwar aber anders. Ich war mir jetzt klar geworden: Weil ich unsere Tochter mit entfremdet, lieb' ich meinen und meiner Eoo Sohn, Okki, nun doppelt, und doch einseitig. Eoo aber liebte die hingegebene Tochter nur mehr, ja mit voller heftig erregter Mutterliebe, seit sie sie wieder gesehen. Ihr Schmerz entflammte die Liebe nur mehr. So war sie bereit, das Leben für sie mit Freuden zu wagen. Und ich liebte Eoo gewiß, ja gewiß über Alles! — Leider! Aber verstand ich sie auch zu lieben, wie mir es Pflicht gegen sie war? Ach, ich mußte auch *Das* am höchsten halten, *was sie liebte*, mit heiligem Rechte so liebte — dann erst liebt' ich sie wirklich: ihre Seele, und all' ihre Neigung! Das sind keine Räthsel, keine Spitzfindigkeiten, es ist die Gewohnheit aller unverstimmten Menschen im Leben, und gerade der Aermsten, selber der Wilden, wie d'Issaly sagte. So ein göttliches Geschöpf ist der einfachste Mensch. Aber Vorliebe zu Okki — verschuldete Vorliebe hatte mich gebannt. Ihn opfern — die schöne, geliebte Eoo opfern, nur wagen — ich war es nicht fähig! und sollt' es doch! Und wahrlich *ich dachte* an mich nicht. Das sahe Eoo so klar und fest durch die Worte meines Gesprächs auf dem Berge mit ihr, wie im nebligen Moosagat das fasrige Moos! Sie erröthete: Sie beschloß. Und doch drückte sie mir noch die Hände leise des Nachts — ich liebte ja sie und ihr anderes Kind, und sie liebte mich noch. —

Euer Okki ist in guten Händen, tröstete mich d'Issaly, auch wenn der Großvater beim Abzuge ihn mitnimmt. Und wollt Ihr ihn wieder — — es ist nur eine Tagereise zum Strom, der Weg ist rein, ihr wißt, wie die Indianer schlafen, ihr wißt die Hütte, morgen ist Fest, der blinde Hirsch wird geopfert, wir essen nicht ohne zu trinken, und was! und wie lange! — Nun wißt Ihr genug.

Ich faßte schweigend meinen Entschluß. Mein bedenkender Freund streckte sich hin, und halb mit mir, halb mit sich selbst, redet' er fort. „Der

Mensch sollte ein Bär sein!" sprach er über sich selbst unwillig; „nicht der Bärenhetze wegen, sondern des Bärenpelzes! Nackt bin ich auf die Welt gekommen, nackt muß ich wieder dahinfahren — das Wort ist auch in Hinsicht des Vaterlandes — traurig. Wahrhaftig! Wer Federn wie der Kolibri hat, oder eine zarte Haut wie die Feuerschlange, der kann nicht auswandern zum Eismeer; sie müßte zum Prügel erstarren! und der Eisbär müßte sich auf St. Helena zu Tode schwitzen, und in Cayenne — Pfeffer! die glückseligen, von der Natur *gekleideten* Bewohner der Erde, *sie müssen ihr Vaterland bewohnen*, und nur *ausgestopft* kann man sie in einer andern Zone sehen, denn sie sehen uns nicht mit ihren Glasaugen. Aber Homo — der Mensch hat das verwünschte Vorrecht, wie seine eigene große Modenpuppe, sich anzuziehen in leichten Nanking, wenn er nach Sumatra ziehen will, in Zobelpelze, wenn ihm Kamtschatka gefällt. Als Herr des Eisens baut er Hütten, wie sie ihm überall recht sind, Sommer- und Winterpalais — oder näht Pelze! und das verruchte Thermometer in der Hand, stimmt er überall seine Stube auf — Stubenwärme! Und nun denkt der — Fahrenheit, wo er wohnen *kann* als Leib, sei sein Vaterland, und wird ein laufender Jude wie ich. O Homo! Mensch! O Feigenblatt, daß Du verloren gingst! O Vernunft, daß Du das nicht einsiehst wie — ich! O Verstand, du glaubst der Erfahrung wie ich! Nur kleine Geduld! Nur die Freunde nicht im Unglück verlassen, wenn wir auch nicht helfen können; wir haben die Genugthuung, es mit auszustehen und ausgestanden *zu haben*. Ins Vaterland wiederzukehren, ist Niemand zu alt. Das macht wieder jung! Und so lange nur noch das Licht der Augen, bis sie den Mont-Ventoux gesehen! dann zieht Monsieur d'Issaly die Decke sich lächelnd über den Kopf — und schläft wie ein todter Urson!"

Und so that der Ausgewanderte, der reuige brave Mann wirklich und schnarchte wenige Augenblicke darauf.

Ich aber hatte keine Ruhe. Ich wartete die völlige Nacht und Stille in den Hütten erst ab. Dann empfahl ich mich erst dem großen Geist, dessen Sterne durch eine Lücke der Wolken mir wieder schienen, und schlich mich außerhalb des Kreises — nach meinem Okki. Die Hitze war mir günstig. Ayana schlief vor dem Wigwam mit ihm. Er war im Schlafe ihrem ausgestreckten Arm entglitten und ruhte nur mit dem Nacken darauf. Erst mußt' ich weinen, eh' ich ihn vermochte nur anzurühren; dann mußt' ich ihm in das holde Gesicht sehen — das Herz pochte mir ungestüm — er redete leis und unverständlich im Schlafe. Ayana zog ihn an sich, aber sie ließ ihn, von Schlummer gelöst, bald wieder los. Ich wartete das ab; eine peinliche Weile. Ich wand meine Hand unter seine Schulter, die andere unter seine Kniekehlen — ich hob ihn sanft — ich fühlte die süße Last wieder — ich kniete schon nur auf einem Knie, ich wollte auch dieß erheben — da schlug Ayana die Augen auf; ich stand wie angewurzelt; sie setzte sich auf, sie sah mich an, oder schien mich anzusehen; ich hielt den Blick der

Schlummerbefangenen aus; ich schloß die Augenlieder, als schlaf' ich; sie sank wieder hin, sie wandte sich ab und bettete sich auf der eigenen Brust — nun holt' ich erst Athem, nun schlich ich mit zitternden Füßen fort, nun war mein Kind wieder mein!

* Eine Art Faulthier — Histrix dorsata.

Ich löste mein treues Thier, als ich erst die Schellen heimlich abgeschnitten; das Füllen folgte mir zottelnd hinaus in die Nacht, vom fernen rothen Feuerscheine erleuchtet; ich hatte nicht Steg noch Weg, nur die Richtung nach dem Flusse; und als der Morgen erschien, verbarg ich mich, weit von der leeren Savanne schon, wieder im Walde mit meinem geliebten Kinde. —

Sein Erwachen, seine erste Rede — o Gott, welch' Entzücken! Ich kosete mit ihm, lange und süß, und unwiderstehlich sank ich ermüdet in stärkenden Schlaf, glücklich in dieser Wüste, so glücklich ein Vater sein kann im Umkreis der Erde. Mir war hier der Himmel — denn ich sahe im Traume mein Weib und mein anderes Kind. Sie lebten also — in mir, und ich lebte mit ihnen — in mir.

*   *
*

Ich wußte selbst nicht, wie erschöpft ich war. D'Issaly's Wort „das war eine große Lehre," trug ich beständig im Sinn. Ich war schon krank, und es machte mich kränker und spannte die Kräfte mir ab. Doch ich fühlt' es nicht ungern, wie Jemand, der dem Erfrieren nahe ist, sich endlich behaglich fühlt. Je näher er dem Tode kommt, je wohler, je süßer wird ihm, und Jeder ist ihm unwillkommen, der ihn wieder in das vergessene Leben stört. Denn Angst empfand ich nicht mehr; wie ein Wanderer nur den ersten Tag ermüdet, den zweiten und dritten Schmerzen leidet und dann sich nach und nach erholt, bis er unermüdlich geht wie eine Uhr. So hatt' ich mich an den neuen Zustand gewöhnt, als habe die ganze Welt von meiner Jugend an gebrannt und gedampft. Aber Reue und Ungewißheit drückten mich nieder. Denn hätt' ich meine Tochter behalten, so war sie jetzt bei uns, dann war die Mutter auch bei uns — und wenn ich das dachte, erschien mir Eoo vor Augen und sah mir lächelnd und froh ins Gesicht, und ich stand, als halte mich ihr Gebild wirklich auf im Weitergehen! Darum eilt' ich, nach Quebec zu kommen, denn dahin, wußte Eoo, hatten wir wo möglich suchen wollen zu gelangen. Ich hatte dort Freunde, Geld, und dort war alles Verlorene wieder zu ersetzen und anzuschaffen.

Am dritten Morgen nach meiner Flucht aus dem Sumpfe oder Swamp in der Savanne erschrack ich, mich von den Algonkinen wieder umlagert zu sehen! Ich fürchtete wirklich nicht ohne Grund, denn die Indianer vergeben nie. Mir fiel es aufs Herz: in welche Lage es meiner Eoo Schwester, Ayana, versetzt, daß ich ihr das Kind aus den Armen geraubt. Vielleicht hatte das d'Issaly bei dem Vater ausgeglichen. Vielleicht hatte Der sie zur bittersten Strafe mit Wasser bespritzt. Ich war gefaßt auf Gegenwehr, doch verhielt ich mich ruhig, sorglos wie ein Abwesender. —

Der gute d'Issaly kam und trat zu mir und lächelte. Aber er sahe, wie krank ich war, wie sehr ich an den Augen litt, und äußerte mir das. Ich wunderte mich.

Aber noch mehr, als er Ayana zu mir brachte, die ihre wenigen Sachen unter dem Arme hielt. „Sie wird nun bei Euch bleiben und Euch leiten!" sprach d'Issaly, der mich eine kurze Zeit verlassen und mir an der Hand sie herführte. „Um des Kindes willen zuerst, und dann auch Eurer selbst wegen, denn dem Vater hat geträumt: Ihr wäret verlassen, Ihr rieft nach Ayana!" „Er gehorcht dem Befehl; denn Träume sind hier Befehle des großen Geistes und werden heilig erfüllt; wie überall die Einfälle bei Tag und bei Nacht, auch wenn sie nicht so gut sind als dieser des väterlich sorgenden *Sachem*, oder Arm des Hauptes. So zieht denn in Frieden! — Und was mir gefiel: der Vater nahm nicht Abschied von ihr; als bleibe sie bei ihm, immer vor seinen Augen, da sie einen guten Weg geht, und also sein Herz mit jedem Pulsschlag in jeden ihrer Schritte aufs neue willigt. Sie kniete nur flüchtig noch ein Mal vor ihm nieder und berührte seine Hand mit ihrer Stirn. Sie hat Fleischpulver, Pemmican, auf lange. Ihr findet auch Kronsbeeren. Der Mond ist zwar todt — daß heißt bei Euch: alt, — die Sonne scheint zu sterben; aber selbst ohne Nordmoos an den Bäumen und Südwuchs der Aeste ist der Weg nicht zu fehlen. Die Bäche führen zum Flusse, der Fluß zum Strome; der Strom nach der Stadt. So geht Ihr aus Hand in Hand unter göttlichem Geleite. So zieht in Frieden! Vielleicht — —"

Er sprach nicht aus, sondern sah uns nur lange nach, als er uns erst mit Sagamite aus Mais erquickt. Auch ich sah mich um und erblickte noch lang die im Winde von seiner Schulter wehende blaue Decke, und die langen rothen Hosen.

Obwohl Ayana französisch verstand, schwieg sie doch. Ihr langes weißes, erst eben angelegtes Unterkleid, mit silbernen Knöpfen am Saume besetzt, hatte sie aufgeschlagen; ihre Schuhe von weichem Büffelleder (Mocossins) beschützten ihren Fuß, und ihr um die Hüften geschlagenes Tuch hinderte sie nicht. So schritt sie voran, ihr schwarzes, bis in die Kniekehlen reichendes Haar flatterte, mit Geschmeide geziert, im Winde ihr nach. Ihr Wuchs, *der* einer indianischen Schönheit — einer Sqaw — ließ mich an Eoo denken, wie sie war, als sie mein Weib ward. Ich folgte in Träumen und voll der holden Erinnerung, wie ich zum Scherz mit dem glimmenden Hölzchen im Munde mich Abends Eoo heimlich genaht, und wie sie es ausgeblasen, zum Zeichen meiner Erhörung.

Zur Nacht erreichten wir den Utawas. Ein Kanot, mit Kork überzogen, fanden wir noch an einer jetzt von Menschen verlassenen Cabanne, auf dem Flusse sich wiegend. Es war so klein, daß der kleine Esel zurück bleiben mußte; und ich vergesse die großen Augen des armen Füllens nicht, mit welchen es seine Mutter stumm dahin fahren sah! Die Mutter schrie und sang, der Sohn sang und schrie — und wir Menschen fuhren dahin.

Wir lagerten uns drüben in einer andern verlassenen Cabanne, mit Allem versehen, selbst mit den schwarz gefärbten Pflaumenkörnern zum Würfeln für Kinder. Ich gedachte der Heimath! — Aber am Morgen war das verlassene Esels-Muttersöhnchen da; Ayana hatte es beim ersten Morgengrauen herübergeholt. Die Freude war groß!

Aber was sollt' ich denken, als ich auch die rothen Hosen erblickte — die d'Issaly trug! Er trat ein und stellte sein Tomahawk an die Wand.

„Ich kehre aus dem Hause des Todes neu in das Haus des Lebens," sprach er, mich weich begrüßend. „Die Wälder sind hin, und man kann kein Wilder mehr sein! Gewiß sind die Hundsribben-, Hasen- und Zänker-Indier nun alle auch *Weiber* geworden. Mit dem Wilde muß nun die Kriegesaxt auf Dauer der Sonne begraben werden. Denn *nur um Lebensunterhalt* ward hier Krieg geführt. Aus der Asche der Bäume wächst nun das Friedensbäumchen auf. Aus Jägern werden — Nomaden. *Die Kuh und das Schaf wird nun hier herrschen*, bis der gepflügte Acker und das gemauerte Haus die Freien zu Sclaven macht wie in den Freistaaten, zu Sclaven ihrer Bedürfnisse, der Sicherheit und des Besitzes. *Der* Tausch ist schwer, und soll ich ihn machen, so tausch' ich für dieses sehr sonderbar mit Asche gedüngte Jungferland mir wieder mein Vaterland ein, das ich floh, um Niemandem zu gehorchen, 1790. Jetzt will ich daran arbeiten, *nur mich zu beherrschen* und mir als wahrer Monarch zu befehlen. Alles, was die Indianer haben und thun, geht den ganzen Stamm an; nur ihm gehört Alles, selbst das Lachswehr im Flusse; ihm ist Mann, Weib und Kind lebendig, und ihm nur stirbt es. Diese Gesinnung hab' ich hier erworben — sie will ich als *meinen* Reichthum hinübernehmen und ausstreuen — mit milden Händen! Und könnt' ich, ach könnten wir alle da drüben, *bei* Geschicklichkeiten und Wissen, *diesen* Charakter behaupten, was fehlte uns dann — verklärte Wilde zu sein? nicht *allein* durch die Stärke des Leibes zu leben, nicht *allein* durch die Kräfte des Geistes, sondern *durch beide vereint!* — Das war mein Lehrbrief! schloß er, den die Natur mir hier geschrieben, welche die Menschen hier etwas sonderbar zu erziehen beliebt; und einen kleinen verbrannten Baum will ich als Denkzeichen an die Schnüren — mein Fathom of Wampum reihen! —"

Er besah sich jetzt in einem kleinen Spiegel an der Wand und ging dann mit großen Schritten sinnend auf und ab und glühte dabei. „Ich bin ohne ein wahrer Mensch zu sein, so ziemlich, was man sagt, alt geworden. Doch Ich habe mich hier um das innere Leben gebracht, Ich will Mir vergeben!"

Er that, als umarme er sich und drücke sich selbst an die Brust, und ich hörte den Laut zweier Küsse. Dann setzte er sich und rauchte wunderlich eine Friedenspfeife mit sich selbst. Dabei sah er mich öfter an, und als sie ausgegangen, und er den letzten Zug des Rauches dem Himmel zugeblasen, schien er mir zur Lehre zu sagen, was er indeß gedacht.

„Nur auf derselben Stelle, sprach er, können wir leben, wenn leben heißt: Einsicht in die Welt, ihren Lauf erlangen, antheilvoll wirken und Wirkungen empfangen. Nicht die Stadt, nicht das Dorf sollten wir verlassen, worin wir geboren und aufgewachsen sind. Nur darin wird uns die Landschaft, die Natur zur *Gewohnheit:* die *äußeren* Erscheinungen stören uns nicht, unser *inneres* Leben fortzusetzen. Denn Nichts soll uns hinderlich aufregen, oder gar aufschrecken — wir sollen uns im Menschlichen, ganz dahingegeben, vergessen. Ueber ein Menschenleben recht klar werden, das stellt uns höher, als an Millionen *vorüberziehen,* deren Herz und Schicksal uns verschlossen ist! Und unser eigener Sinn wird nicht klar und voll, wo wir nicht fußen und urtheilen können. In unserer Heimath allein kennen wir das Herkommen, die Mitbewohner und ihren Sinn, ihre Werke von Jugend auf und lernen an ihnen die Führung des großen Geistes, seine göttlichen Gerichte in dieser Welt — den Segen des Stillbescheidenen und Guten, den geheimen Lohn des Ungerechten, Wollüstigen und Bösen. Wir sahen es! Wir sehen, wie Anfänge ihren Fortgang und ihr Ende erreichen; wir sehen die Kinder um die Gräber der Eltern spielen; Fremde in Häusern wohnen, darin wir liebe Freunde gewesen! Dieser heilige Wandel der Welt, diese Ewigkeit im Vergänglichen, dieses Göttliche im Menschlichen, mit dem Geiste sehen und bewundern lernen, ist mehr werth als — Auswandern! als fremde Meere und Länder, fremde Berge und Bäume, fremde Gebäude und Menschen sehen; mehr werth — als ein Leben, das uns ein nie so verstandenes, verworrenes Gewebe ist. Darum, wer auswandert aus seiner Heimath, der bringt sich schlimmer als um das Leben! Und geschieht ihm das Aeußerste daheim, es ist noch besser, als in der Fremde mit Rosenöl gesalbt zu werden! Und wer, gleichsam nach seinem Tode, einen Goldklumpen nach Hause bringt, der hat *seine Zeit* dort gelassen, nicht sein Herz, denn er hatte keines. Ein Sechsziger will nun erst zwanzig Jahre alt sein; und wer Geizen oder *Wohlleben* nur Leben nennt, der hat nicht wohl gelebt. Darum darf man nicht als Strafe den Tod auf das Auswandern setzen — die Natur hat ihn selbst darauf gesetzt!"

— Ich schwieg befremdet, als selbst hier auch in der Fremde.

— „Euch wundert meine Weisheit?" sprach er und sah mich selbst Gerührten und schwer Betroffenen an. „Wundert Euch nicht — das war der Extract aus 35jähriger Thorheit! die Blüthe einer baumhohen großen *Fackeldistel;* des meergrünen Armleuchters der Natur, mit stachligen Blättern wie Balken, welche die Kinder ersteigen und das süße reife Mark aus dem Kelche droben, wie aus einer goldenen Schüssel auslöffeln. Das *Herunterklettern* geschieht dann *umsonst;* aber man hat den Geschmack noch tagelang auf der Zunge!" —

Wir brachen nun zusammen auf und gelangten ohne Gefährde in die langen an einander hängenden Dörfer am Cataragui. Hier wohnen noch Irokesen, die Letzten, die Christen geworden. Franzosen haben sich hier mit den Töchtern derselben vermählt, die in ihrem blauen Leibchen, in ihrem Strohhut uns freundlich begrüßten.

So voll die Häuser von Flüchtlingen waren, fanden wir doch ein Plätzchen bei alten Leuten. Ayana hatte sich an den Fuß gestoßen, sie konnte nicht weiter; Okki war unwohl; d'Issaly hatte einen alten Freund gefunden; mich hielt nur die Hoffnung noch aufrecht, die Hoffnung, Eoo zu finden! Ihrem Muthe war Alles zu trauen, wenn ihre Verständigkeit nur durch das Schicksal nicht vergeblich geworden.

Mir glühte es in allen Adern! Nichts konnte mich halten! Ich beschloß den Weg zu vollenden, wenn auch allein und krank. Die Freunde und Okki kamen ja nach! Sie waren bei Menschen, nicht bloß mehr bei der Natur, die in diesem Lande *verwandelt* — die also geschaffen hatte, denn auch ihr Schaffen ist nur Verwandlung. Ich küßte den Kleinen und zog nach Quebec.

*   *

*

Von Glangory in Obercanada, so wußt' ich aus der Sage, hatte der Wald bis an die Wasserfälle in Untercanada gebrannt; das sah ich. Hier aber standen die köstlichen Rhododendrons, die Cedern, die Kalmien — ach, und die Cypressen! Mit Herzklopfen erblickte ich die Stadt! Ich mochte kaum hinsehen, und mein Aug' schweifte verlegen und irr' in ihrer Umgebung, feucht auf den Felsen und Bergen, den Seen und Städten, den Inseln im Strome umher — bis sie wieder auf dem prächtigen Hause des Freundes ruhten und fragten, sehnsüchtig und bang, ob meine Eoo darin sei? Ich stand mit gefalteten Händen, und während ich erst meinen Weg wiederholte im Fluge der Gedanken, sah ich auch drüben über dem Strome *die blauen Berge* brennen, Neu-Braunschweig! Ich senkte die Augen, die Alles nur dunkel sahen wie in einem Flor. Meine Stiefeln waren abgerissen, ich war schwarz bis an den Gürtel, ich hatte das Ansehen eines Köhlers. So ruht' ich am Wasserfall bis zu Sonnenuntergang. Mich labte die Frische seines Hauches. Die Gewalt seines Sturzes und die erschütterte Luft über ihm hatte in dem schweren Walddampf wie aus dämmerndem Rauchtopas einen ungeheuern Brunnen ausgehöhlt, weit wie der Lilienstein, und drei Mal so hoch; und darüber sah ich die Hellung des blauen Himmels, seit lange zum ersten Male, wieder. Ein Adler, der von seinem Nachttrunk darin aufstieg, und welchen mein Auge hinauf bis hinaus in die Bläue verfolgte, stieg so lange, bis das Gesicht mir vom Wasserstaube ganz feucht war! Die Dampfwände des unermeßlichen Brunnens schimmerten golden vom Glanze der unsichtbar auswärts sinkenden Sonne — dann rosig — dann purpurn — dann violet; und als sie sich bräunten, schlich ich in die im Dämmer ruhende Stadt.

Ich war durchnäßt, ohn' es zu wissen, bis ich an der Pforte des Hauses stand, die sich sogleich nicht öffnete. Mit Zähnklappern trat ich ein. Mein Freund und sein Weib erkannten mich nicht. Ich setzte mich auf den nächsten Stuhl. Sie beleuchteten die fremde Erscheinung — sie hatten mich auch für umgekommen betrachtet wie unzählige Andere, oder geglaubt, ich irre mit den Abgebrannten umher auf der unermeßlichen Brandstätte, ohne Nahrung und Obdach. Aber ich saß hier. Jetzt freuten sie sich mit Thränen.

Ich sahe mich schweigend im Zimmer um. Ich glaubte, sie sollte zu Tische erscheinen — *sie!* — Und meine Tochter Alaska sollte mir, im Rücken genaht, die Augen zuhalten und mich rathen lassen, wer es sei, bis sie in Thränen ausbrach und an meinem Halse hing! —

Nichts von alle dem! Ich getraute mich nicht zu fragen. Sie schwiegen, um mir nicht unendlichen Schmerz zu erregen. Erst als ich zu Bette ging, hielt mich der Freund an der Hand fest und fragte, die Augen niederschlagend: „Dein Weib kommt doch nach?" —

Ich suchte sie hier! war Alles, was ich sagen konnte. Ich hatte große Umwege, lange Aufenthalte gemacht — und sie war nicht hier.

Die Thränen in dieser Nacht gaben meinen vom Rauch entzündeten Augen den Rest. Ich wußte am Morgen nicht, daß lange schon Tag geworden war. Fieberphantasieen hatten mich eingenommen, und wer nun aus mir sprach, wer in mir litt — lange Tage und Nächte — das war ich nicht mehr. Und doch! denn — —

„Wie durch einen Zauber ward ich wieder gesund! Ich machte eine höchst beschwerliche Reise nach Saint-Réal's Wohnung. Sie war nicht mehr. Die Schafe irrten hirtenlos umher, die größeren Hausthiere alle waren umgekommen. Ich zog nach unserem verlorenen Dorfe. Ich fand noch Inseln von Wald. An andern Orten lagen vom Feuer umschlossene wilde Thiere mit versengten Pelzen. — Mein Haus — es stand! Die Papageien flogen umher. Ich sah wieder durch die grünen Jalousieen zum Fenster hinein. — Da sah mich der Geist wieder aus dem Spiegel an! Da stand das Wiegenpferd mit finsterem Gesichte! Da lag der angefangene kleine Strumpf

— ich seufzte, ich sahe zu Boden, da lag der Teppich gebreitet, den Eoo gewirkt. — Ich ging weinend hinein; ich berührte mit der Hand ihren Webstuhl, den langen ahornen Stiel ihrer Apfelpresse; ja ich trat mechanisch ihr schnurrendes Spinnrad, bis mir vor Wehmuth der Fuß versagte. Ich stieg in den Keller — *da saß Eoo!* und ob es gleich sonst finster darin war, umfloß sie ein Licht, dessen Quell ich nicht wahrnahm. Sie stand nicht auf, sie schwieg — ich ergriff ihre Hand — sie war kalt. Eoo war todt! — und doch schlug sie — wie mir zu Liebe, die Augen noch ein Mal auf! sie lächelte wieder, sie drückte mir lange die Hand — dann senkte sie sanft den Kopf auf die Brust und war todt." —

Und ich erwachte! Denn Alles war nur ein Traum. Meine linke Hand, mit der ich die ihre gefaßt, hing noch zum Bette hinaus, und ich war erwacht durch ein sanftes Anfassen derselben, ein Weinen darauf, und durch ein fröhliches, aber gedämpftes Rufen: „Der Vater erwacht! er schlägt die Augen auf!" —

Ich that das wirklich; aber ich sahe Niemand. Aber in mein Bewußtsein dämmerte das Wissen: *Alaska*, meine Tochter sei hier! *Sie* sei gerettet. So lag ich wieder still.

Am Abend las man die Zeitung, die hier überall einer *öffentlichen* Schule gleicht, die wie durch Zauber im ganzen Lande gehalten wird für die Schüler der neuen Welt, das heißt für alle ihre Bewohner. Denn hier bei uns ist dem Volke nichts vorzuenthalten. Es war ein Blatt „Freeman's Journal" aus Philadelphia. Die Furcht vor einem durchgängigen Brande des Waldes, der von der Hudsonsbai bis hinab an die Spitze von Florida fast ununterbrochen die Staaten bedeckte, hatte sich so sehr der Gemüther bemächtigt, daß man in Neu-York die Erscheinung zweier Engel glaubte, welche den Untergang der Stadt auf den 19. Januar 1826 ihren Bewohnern verkündigt. Denn jetzt schien Alles möglich. Unter den Geschichten, welche das Blatt alle Wochen aus der alten Welt „mittheilt," war eine aus Rußland. Ein Weib war im Schlitten mit ihren 5 Kindern nach der entlegenen Kirche gefahren, und auf der Nachhausefahrt hatten sie 5 Wölfe verfolgt. Sie war gejagt, bis Schweiß sie und das kräftige Roß bedeckte. Endlich hatte ein Wolf sie erreicht, und um sich zu retten, hatte sie ihm das älteste Kind hinaus geworfen — worüber er hergefallen. Und in der Mordlust und Stillung des Hungers war dieser verstummt. Aber bald hatte der Zweite die Pfote hinten auf ihren Schlitten gelegt, und um sich zu retten, hatte sie jetzt das älteste Kind ihm zur Beute gegeben. Und so endlich dem fünften Wolfe das fünfte Kind — von der Brust. Und wohlbehalten war sie in einem Bauerhofe angelangt, wo die Bewohner so eben in ihrer Scheune gedroschen. Sie hatte ihre Rettung erzählt, und die Weise: wie? Da hatte der Sohn des Hauses gefragt: ob sie das wirklich gethan? und auf ihre Bejahung hatte er ihr den Kopf mit dem Flegel zerschmettert; und der Menschenkenner und Menschenfreund Alexander hatte den Rächer der Menschheit liebreich begnadigt. — —

Tiefes Schweigen herrschte im Zimmer. Alle erschöpften sich in Muthmaßungen: das Weib, ja die Mutter auf irgend eine Art zu entschuldigen — denn das Blatt einer Lüge zu zeihen, kam Niemand an. Und sie beruhigten sich erst, als ein fremder, neueingewanderter katholischer Priester ihnen erklärte: die fünf Kinder seien nicht Kinder des *Mannes* jenes Weibes gewesen; der Pope habe ihr deswegen diese fünf Kinder in der Beichte — ihre fünf *Sünden* genannt — und *diese* fünf Sünden habe das *Weib* den fünf Wölfen geopfert, nicht die *Mutter* ihre fünf *Kinder*.

Ich fühlte — ein Hund hatte sich zu meinen Füßen auf's Bett gelegt, und manchmal leckte er mir die Hand. — Unsere Ariadne war da! Gott, und mein Weib! Denn Alaska sagte jetzt zu *Eoo:* Nicht wahr, Mutter, ich bin *dein* Kind!

Ich vernahm nichts weiter, die Sinne vergingen mir wieder.

Und so verflossen lange Tage, lange Nächte. Ich fühlte nur einst Kühlung auf den Augen, Thränen auf mein Gesicht geweint, und eine heiße Wange an meine geschmiegt. Dann war das lange nicht mehr. Aber eines Morgens sah ich meinen Okki vor mir stehen, der schwer seufzte; Ayana hielt ihn an der Hand — und d'Issaly saß in der Ecke des Zimmers, die Arme in einander geschlungen, mit gesenktem Kopfe.

Sanfte Gesänge hatten mich aufgeweckt. Der Hund wartete vor mir auf. Nun wußt' ich erst deutlich: meine Tochter, mein Weib waren da! Ich bat, sie zu mir zu rufen, aber Ayana verneinte das, sanft weinend, mit leise bewegtem Haupt. Dann trat sie ans Fenster. Ich wollte zu ihr geführt sein — und Okki sprach: „Komm' in den Garten!" Aber d'Issaly sprang auf und wehrte dem Kinde. Nur so viel erfuhr ich jetzt: der gute alte Saint-Réal hatte nicht Kraft zur Flucht gehabt. In einer Berghöhle war er sitzen geblieben; die beiden Frauen hatten ihn nicht zu tragen vermocht; bis sie der Dampf der entzündeten Steinkohlen daraus vertrieben, hatten sie treulich bei ihm ausgehalten. Dort saß er nun, gestorben noch eh' er erstickt. Eoo war zur rechten Zeit gekommen! Sie hatte die besten Wege gefunden. Und so erklärte ich mir Alaska's Thränen als das Opfer für ihren Pflegevater, dessen — Fürstenthum sie nun geerbt, aber daran nicht dachte. D'Issaly hörte von dem Vermächtniß, es sei hier niedergelegt; und er wollte später einmal in den Wald, in die Höhle mit Männern kehren, die des armen Alten Tod bezeugten, die den Gestorbenen begrüben, in seinen Kleidern, selbst mit seinem kostbaren Ringe am Finger, wie Alaska verlangte, und daß sie zugleich ihm darin ein Denkmal, doch eine Inschrift von Erz oder Marmor setzten.

Endlich nach Tagen stand ich auf. Ich trat an das Fenster, das den tiefen Garten übersehen ließ — man wollte mich hinwegziehen, ich konnte nicht widerstehen, trat mitten ins Zimmer und sahe nun wie es Asche regnete über das Land. Stürme hatten sie in die Wolken gekräuselt, weit umher geführt, und in dem schweren Herbstgewitter, das göttlich am alten heiligen Himmel rollte, fiel sie als schwarzer Schnee hernieder, oder, mit den großen Tropfen gemischt, als schwarzer Regen und deckte das Land und das herbstliche Grün und die rauschenden Bäume.

Eoo war nicht zu sehen. Niemand sprach, mir graute zu fragen, denn ich errieth. Der Freund erzählte mir nur, sie sei gekommen, sie habe mit Freuden gehört: ich sei da! Aber Okki? — hatte sie erblassend gefragt. Ach, der war ja noch in dem letzten Dorfe gewesen — und eh' sie gehört, war sie tödtlich erschrocken, und meine Krankheit hatte ihr den vermeinten Verlust bestätigt. Sie hatte tausend Angst um uns ausgestanden, seit sie ihre Alaska bei sich gewußt — und jetzt war ihre Natur erlegen. Mein Anblick hatte sie tief erschüttert, sie hätte mich gern, schnell, noch schnell genesen gesehen! bald, nur bald mir wieder das Licht der Augen gegönnt, damit ich den Trost genösse, sie — ach, sie noch einmal zu sehen in dieser Welt. Nichts hatte sie gehalten; und obschon selber schwer erkrankt, war sie hinaus auf die Hügel geschlichen und hatte mir Kräuter gesucht, sie gepreßt und den Saft mir auf die Augen gelegt. Das war also die Kühlung, das waren die Thränen gewesen, das die heiße Wange!

Der Freund schwieg. Ich frug nichts weiter. — — Sie hat den heiligen Trost gehabt, ihren Okki wiederzusehen, setzte die Frau des Hauses nach einiger Zeit hinzu. Auch ihre Schwester hatte sie wiedergefunden, und die Lieben waren Alle bei ihr! Der Arzt versicherte ihr: der Vater der Kinder werde genesen. —

— — „Die Gesänge" habt Ihr selber gehört, setzte d'Issaly hinzu, und wißt sie zu deuten!

*   *
*

— Es war ein prachtvoller Abend, als ich, meinen Okki an der Hand, zum ersten Male in den Garten hinunter stieg und bis in das Rhododendrongebüsch zu den Kalmien ging.

Hier liegt die Mutter! sprach Okki. Ich stand mit Herzklopfen, ich sah ihn an. Und jetzt bemerkt' ich erst — sein schönes Haar war abgeschnitten! Ich wußte warum. Ich sah einen grünen Hügel — ich kniete hin, ich umfaßte die kühle Erde statt des schönen lebens- und liebewarmen Gebildes, das sie bedeckte! ich weinte in die gebeugten Augen der Blumen statt auf die Augen und die Stirn, die darunter nun ruhig schliefen. Die Abendsonne vergoldete die Welt — Wolken, Felsen, Strom und Cypressen, und in ihrem Glanze stand auch Alaska zu Füßen des Muttergrabes und streute ihre Locken darauf als Opfer, nach dem frommen Gebrauch ihres Volkes. Und wie ich sie stehen sah, mußt' ich bei mir sprechen: Da steht dein Weib, deine Eoo, die Mutter! nicht allein an Gestalt und Bildung jugendlich verklärt — sondern wirklich: — *ihre* fromme Seele, *ihre* Liebe steht schauernd da und schaut und liebt mich mit weinenden Augen lächelnd an, und blaß und zagend wie ein Engel. *Die Liebe lebt!* Sie ist nicht allein ein Geist! sondern sie schafft auch und wirkt, und ihre schönen Wirkungen leben und wirken und lieben uns wieder! Eoo rettete ihre Tochter. Und das Gebild, das seine Locken ihr streut, ist nicht die Tochter — *nicht sie allein* — sondern heilig verschmolzen: *auch die Mutter!* ein goldenes Werk mit Asbest geschmolzen, mit Silber versetzt — aber das Silber ist Alaska — das Gold ist Eoo — das Feuer aus Asbest aber ist *die Liebe!* —

Und nun zog ich die Tochter an meine Brust, und wie sie vor Wehmuth glühte und doch blaß war, küßte sie mich mit Eoo's Lippen, mit ihrem Kusse! *Ihre* Arme wanden sich um meinen Hals, und ihr Herz schlug an meinem Herzen! Und das schöne Gebild war mein durch sie — mir war es die Mutter — ach, und zugleich ihr Kind, mein Kind! O Wehmuth und Seligkeit! — *Die Abendröthe* nahm ich zum Angedenken an den Brand! Jede Morgenröthe wollt' ich an Eoo gedenken! Und so wie, nach jener Sündflut durch die Wasser, der *Regenbogen* ein Zeichen der Huld des Himmels geworden, so sollten *die ewigen hellen Gestirne*, die über uns Weinenden jetzt heraufgestiegen, mir *Funken des Brandes* bedeuten, so oft ich des Nachts zum Himmel nach meiner Eoo aufsah — als Zeichen des Friedens und ihrer Liebe!

CPSIA information can be obtained
at www.ICGtesting.com
Printed in the USA
LVHW030137271222
735871LV00001B/325

9 789356 788190